요리 활동

박영길 레시피

요리
활동

어떤 싸움에서든
무너지지 않는
일상이 중요하니까

들어가며

일상의 재구성을 위한, 요리 그리고 나

1.

　　　　　　　　나는 어릴 때부터 요리하는 것이 익숙했다. 부모로부터 자기가 먹을 음식을 직접 해먹어야 한다고 배우기도 했고 고등학교에 가면서부터는 오랫동안 혼자 자취생활을 하나 보니 요리가 일상이 되었던 까닭도 있다.

　그런데 사람들과 '생활교육공동체 공룡'을 만들어 활동하기 이전까지는 요리란 그저 한 끼 식사를 해결하는 것이었다. 그저 해야 하는 일 중 하나였을 뿐이지 특별하게 어떤 즐거움이나 재미를 주는 일은 아니었다. 하지만 지금은 요리를 일거리나 의무라기보다 재미로 여기고 있다. 요리해서 다 함께 먹는 행위는 매우 특별하고 즐거운 일이 되었다.

　왜 나는 요리가 즐거울까? 요리는 나에게 무엇일까? 요리한다는 것, 음식을 만들고 누군가와 함께 먹는다는 것은 매우 일상적인 일이다. 공룡을 처음 만들 때 우리들이 이야기한 세

가지 주요 원칙이 있다. 첫째 돈과 효율성으로 대변되는 자본주의에서 벗어나 삶을 살고 활동을 해보자. 둘째, 혼자 할 수 없는 일은 함께하자. 셋째, 우리들의 활동과 삶이 일상생활에서 괴리되지 않도록 일상을 재구성해보자는 것이었다.

그중에서 우리들을 과연 '공동체'라고 할 수 있을까를 오래 고민하면서, 특히 일상의 재구성이 우리에게 중요한 과제가 되었다. 소위 공동체를 표방하며 일상성을 이야기하고자 한다면, 결국 의식주의 문제에서부터 어떤 일상들을 함께 할 것인지를 고민해야 한다고 생각했기 때문이다. 그런 의미에서 보다 공동체적인 성격을 강화하고자 선택한 것이 바로 '식사 공동체'였다.

애초에는 공룡을 '활동가 네트워크' 형태의 공동체로 생각했었기에 처음부터 주거 공동체 수준의 실험을 하기는 부담스러웠고, 각자 자신의 활동 영역도 명확한 터라 일종의 생산/소비 공동체의 성격을 부여하기도 애매했다. 그래서 보다 구체적인 일상의 경험으로써 함께 요리하고 먹는 경험을 나누는 '식사 공동체'의 성격을 만드는 것이 재밌겠다는 생각을 했다.

그러면서 내가 어릴 때부터 해오던 요리라는 행위가 어쩌면 특별한 무엇일 수 있겠다는 생각을 하게 되었다. 그리고 본격적으로 이런저런 요리를 하면서 요리가 몸에 익듯이 요리를 통한 생각들도 익어온 듯싶다.

2.

공룡 활동가들이 하는 활동 대부분이 일상의 무수한 불편함을 감수해야 하는 일이자 이 사회에서 벌어지는 숱한 아픔을 공유하는 일들이다. 공룡의 활동가들은 이러한 일을 끊임없이 숙명처럼 겪는다.

가령 최근에 공룡 활동가들은 300일이 넘도록 진행 중인 청주시노인전문병원 노동자들의 싸움에 함께하고 있는데, 당사자들 못지않게 공룡 활동가들의 몸에도 아픔이 쌓인다는 생각이 든다. 물론 싸움의 당사자인 노동자들만큼은 아니지만, 긴 시간을 함께하는 동안 연대자인 우리의 몸에도 아픔이 새겨지는 것은 당연하다. 권옥자 분회장님의 분신 시도 현장에서 촬영을 한 보선이 그랬고, 농성천막 철거 싸움 과정에서 온몸에 멍이 든 설해나 영은이 그랬다. 화물연대 풀무원 노동자들의 싸움에 함께하면서도 우리 몸과 마음에는 알게 모르게 분노감이나 울분 같은 감정이 쌓이게 되었다. 최근 공룡에서 1년의 휴식년을 보내면서도 아픈 몸이 쉽게 회복되지 않는 혜린을 보는 것만큼 괴로운 일이 없다.

그렇게 활동을 유지하면 할수록 활동가들의 몸과 마음이 황폐해지면서 지치는 모습을 오랫동안 지켜보게 되었다. 그러면서 적어도 우리가 만든 공룡이라는 공동체에서는 이런 아픔들을 일상생활 속에서 적절히 해소하거나 치유해야겠다는 생각을 했다. 그런 의미에서 맛있는 걸 함께 만들고 함께 먹는 일과 같은 일상의 즐거움들이, 어쩌면 활동가들의 무거운 삶을 좀 더 가뿐하게 만들고 현실에 절망하지 않고 활동을 지속하는 데 도움이 되지 않을까 생각한다.

내가 힘들어하는 혜린을 위해 꼬꼬뱅을 하거나 지친 설해를 위해 꽃게찜을 하거나 고단한 영은을 위해 유린기를 하거나 묵묵히 어둑한 시간을 견뎌내는 재환을 위해 치킨 가라아게를 하거나 활동으로 인해 상처받은 보선을 위해 해물 파스타를 해주고 싶은 건, 결국 요리를 통해서 나의 활동, 우리의 활동, 더 나아가 공룡과 연대하고 후원하고 도와주는 수많은 사람들의 활동을 좀 더 오래 지속하려는 욕심 때문이다. 작은 일상의 먹거리지만 이를 통해 좀 더 오랫동안 우리들의 삶을 지속해보고자 하는 욕심을 품고 있는 것이다.

3.

오래 활동가로서의 삶을 사는 동안 내게 요리는 줄곧 치유의 느낌이었다. 대학에 입학한 순간부터 전적으로 활동에 경도된 삶을 살아온 내게는 알게 모르게 죄책감이 있다. 가난한 집안의 자식으로서 어렵게 생활하고 있는 부모님들을 볼 때마다 느끼는 감정이다. 경제적으로는 절대적으로 빈곤한 삶을 살다 보니 가난한 부모에게 경제적인 보답 같은 것을 할 여유 따위가 있어본 적이 거의 없다. 20여 년 넘게 그런 삶을 살다 보니 이젠 부모님도 내게 경제적인 부분을 기대하지 않지만, 그럼에도 내 마음 한 구석에는 미안함이 있다. 그만큼 내가 가족들에게 받은 게 많은 까닭이다.

활동을 한다는 이유로 세상의 온갖 것들에 관심을 갖고 공부를 하고 사람들과 관계를 맺으려고 애썼지만, 나라는 사람을 만들어준 가족들에 대한 채무 의식마저 벗어던질 관계를 맺기는 쉽지 않았고 별반 그러고 싶은 생각도 없었다. 이제 70대 노인이 되어버린 부모, 그래서 그분들의 하루하루가 곧 멈출지도 모른다는 불안을 느끼는 나에게, 요리는 부모를 기억하고 내 몸에 그들의 삶을 각인시키는 훈련 같다는 생각도 하게 된다.

어머니의 조리법들, 아버지가 해주던 음식들… 가난하던 그 옛날 온 식구가 둘러앉아 먹었던 어떤 음식에 대한 기억들을 잊지 않고 끊임없이 재현하는 도구로 내게 요리만 한 것이 없는 듯하다.

죽을 때까지 잊지 않을 어머니의 칼국수와 아버지의 돼지고기 두루치기처럼, 일상의 소소한 것들을 통해 내가 살아온 어떤 시간대들을 기억해내고 재현하며 새로운 시간대를 살아갈 수 있다는 것. 이것이 내가 요리를 하는 가장 중요한 이유가 아닐까 싶다. 그렇게라도 내가 부모들을 잊지 않았음을 증명하고, 이런 기억 행위로나마 내가 받은 것에 보답하고 싶은 것이 나의 작은 소망이다.

4.

요리는 언제나 일상이다. 어머니가 식당 찬모로 생계를 꾸리는 모습을 보며 자란 어린 시절부터, 각자 활동을 하다가 저녁이면 공룡에 모여 저녁 한 끼를 해결하는 공룡 활동가들을 위해 뜨끈한 국과 맛있는 술안주 하나 만들어놓고 밤 직장에 출근하는 지금에 이르기까지, 요리는 언제나 일상생활의 소소한 한 부분이다. 하지만 이 작은 한 부분이라도 흐트러지지 않도록 버티며 살아가는 것, 나는 이러한 태도가 일상성이라는 가치를 지키는 지극히 중요한 태도라고 생각한다.

활동가가 현실의 다양한 불편을 감내하면서도 자기 삶을 지탱할 수 있는 건 어쩌면 각자가 가진 이데올로기의 힘 덕분인지도 모른다. 거대하고도 무지막지한 폭력을 내재한 이 한국사회라는 시스템과 싸우며 살아가기 위해서는 그만큼 강고한 이데올로기를 자기 안에 품어야 하기 때문이다.

문제는 이런 활동가의 삶이 때로는 잘못된 아집과 때로는 타협과 배반으로 변질된다는 것이다. 한편 이데올로기에 대한 집착이나 스스로 느끼는 삶의 불안도 문제가 된다. 그리하여 아주 훌륭해 보이던 활동가의 삶이 순간 나락으로 떨어질 때가 있다. 내 생각에 이것을 방지하려면 결국 작지만 소중한 일상들을 삶의 바탕으로 삼아야 하지 않을까 싶다.

거대한 시스템과 싸우면서도 작은 일상들을 무시하지 않고,

거기에서부터 어울리고 연대하며 새로운 것들을 꿈꾸는 생성의 장을 만들고자 노력하는 것. 이것이 내가 공룡 활동가들과 요리를 함께 만들고 먹는 일에 욕심을 부리는 이유이다.

요리는 언제나 일상이다. 그리고 날마다의 일상을 재구성하고자 나는 오늘도 요리를 한다.

차례

들어가며 일상의 재구성을 위한, 요리 그리고 나 5

1장_ 나, 식당 찬모의 아들

칼국수	23	된장국	52
돼지고기 두루치기	27	수육 두루치기	55
무쌈만두	30	스키야키	58
굴국밥과 굴전	34	단호박 해물찜	61
짜장	38	콩나물국	65
붕어찜	41	치킨 가라아게	69
김치 볶음밥	44	약밥과 약식빵	73
김치 요리	46	오삼 불고기	77
개떡	49		

2장 _ 너와 나의 무너지지 않는 일상을 위하여

물 마리니에르	86	돼지고기 부추 숙주 볶음	104
아쿠아파차	89	애호박찜	106
토르텔리니	94	짬뽕	108
크림 파스타	98	돼지족발	110
어향동구	102	아게다시도후	114

3장_ # 뜨끈한 양식,
　　　 뜨거운 연대

묵밥과 연잎밥	119	고로케	140
고갈비	123	부야베스	144
여주 볶음 ①	127	깐풍기	147
여주 볶음 ②	129	수삼 튀김과 송사리 튀김	151
볶음 고추장	133	짜조	154
곱창구이	137		

4장_ **오늘도 내일도,
　　　우리가 함께 요리를 먹는다는 것**

무밥	159	토마토 치킨 커리	176
꼬꼬뱅	161	세란찜과 세란말이	181
매생이 굴국밥	165	꼬치구이	184
사천식 해물 파스타	169	꽃게	188
유린기	173		

잘 먹고 잘 싸우기 위해,

요리 활동

1장

나, 식당 찬모의 아들

요즘 들어 요리사라는 직업군이 각광받는 듯하다. 하얀 앞치마와 흰 두건을 두른 요리사가 온갖 감각을 자극하는 화려한 음식들을 화면 가득 선보이면 사람들은 요리가 근사한 로맨스라도 되는 것처럼 흥분한다. 그러면서 요리사라는 직업도 선망의 대상이 되고 있다.

내가 어릴 적, 그러니까 음식이 내 가난한 가족의 먹고사는 수단이었을 적에, 어머니는 이런저런 음식을 하느라 항상 바빴고 나는 그런 어머니가 만드는 음식들을 쳐다보며 언제나 저것들을 원 없이 먹어볼까 하고 순진한 생각을 하기도 했다. 어머니가 요리하는 모습을 물끄러미 쳐다보고 있노라면 온 집안에 행복한 기운들이 퍼지는 것 같았다.

하지만 그런 감상도 순간일 뿐이었다. 초등학교 4학년 무렵 내가 다니던 학교에 전학 온 여자아이가 하나 있었다. 새로 부임한 선생님의 딸이었는데 아버지를 따라 우리 학교로 전학을 왔다고 한다.

피부가 하얗고 조금은 우울한 표정을 한 그 아이가 생각에 잠긴듯 조용히 앉아 있을 때면 시골 동네에서 함께 자란 여자 친구들과는 다르게 마치 다른 세상에서 온 사람 같았다. 그 아이는 금세 모든 남자아이들의 동경의 대상이 되었다. 나도 친해지고 싶은 마음은 가득했지만 쉽게 다가가진 못하고 눈치만 보고 있었다.

한번은 본격적인 농사를 시작하기 전에 동네 어른들이 우리 학교 운동장에서 동문체육대회를 했다. 그날도 우리 어머니는 운동장 한편에서 국밥 장사를 했다. 어린 시절부터 함께 자란 동네 아이들에게야 우리 어머니의 음식 장사를 보는 일이 익숙했겠지만 그 여자아이에겐 생소한 일이었을 것이다.

점심시간이 되어서 그 아이가 아버지인 선생님 손에 이끌려 국밥을 사먹으러 왔다. 나는 당연히 반가운 표정으로 알은 척을 하려고 다가갔으나 그만 그 앞에서 멈춰서고 말았다. 그 아이의 입가에 머문 멸시하는 듯한 냉소를 보는 순간 아무 말도 꺼낼 수가 없었던 것이다. 그 아이는 결국 국밥을 한 숟가락도 뜨지 않고 앉아만 있다가 휑하니 가버렸다.

그런데 다음날 교실에서 그 아이가 나에게 다가왔다.

"너네 엄마, 식당 일하지?"

"…."
"재수 없으니까 앞으로 알은체 안 해줬으면 좋겠어."
"…."

 이런 일이 있고 나서 나는 그 아이가 일 년 후 다시 전학갈 때까지 단 한마디도 말을 건네지 않았다. 그리고 우습게도, 그날 이후로 어머니가 식당 일을 하는 것을 부끄럽게 여겼다. 가난해서 식당 일따위나 하는 부모님이 한심해 보였다. 우리 집으로 식사하러 오는 선생님들도 미워졌다.

 내가 지역아동센터, 소위 마을 공부방에서 교사를 할 때였다. 아이들 중에 어머님이 식당에서 일하는 여자아이가 있었다. 그 아이는 성격이 활달하고 신생님들과 살 어울리고 친구 사이에서도 인기가 많았다. 자존심도 세고 하고 싶은 일도 많은 아이였다.
 어느날 친구들과 술 한잔하러 어느 식당에 들렀다가 그 아이의 어머님을 만나게 되었다. 그래서 너무나 반갑게 인사를 드리며 아이의 이야기와 공부방 이야기를 했다. 그렇게 반갑고 좋은 마음으로 술을 마시다 나오는데, 골목에서 그 여자아이가 불쑥 나오는 게 아닌가. 그리고 나를 노려보며 이런 말을 하고 지나갔다. "재수 없어. 나쁜 새끼."
 순간 술이 확 깨서 그 아이가 지나간 자리를 한참이나 멍

1장 나, 식당 찬모의 아들

하니 쳐다보았다. 마음이 그렇게 얼얼할 수가 없었다.

스타 요리사들은 근사해 보인다. 연예인처럼 동경의 대상이 된 그들의 화려한 성공 스토리를 보고 있자면 요리도 마냥 근사하게만 보인다. 하지만 내가 아는 어느 식당에도 그런 근사한 요리사는 없다. 있다손 치더라도, 적어도 나는 그런 요리사가 직접 요리한 음식을 먹어본 적이 없다. 아주 유명한 요리사가 운영하는 맛집을 갔다 해도 말이다. 그 식당 주방에서 실제 요리를 하는 사람은 근사한 요리사가 아니라 피곤에 절어 바삐 움직이는 주방 아주머니 혹은 소위 찬모다. 그이들이 음식을 만들고 있는 것이다.

나는 요리를 좋아한다. 요리를 해서 누군가와 맛있게 먹는 걸 좋아한다. 그리고 내가 한 음식들을 맛있게 먹어주는 사람들을 바라보며 어머니를 떠올리는 걸 좋아한다. 아니, 어머니를 바라보던 어린 시절의 나를 떠올리는 건지도, 아니면 식당 일을 마치고 집에 돌아온 어머니에게 괜히 짜증을 냈던 기억들을 지워버리고 싶어하는 건지도 모르겠다.

어쩌면 나는 온종일 식당 일에 지친 어머니가 집에 돌아와 내가 좋아하는 짜장면을 만들어주면서 미소짓던 짧은 순간, 그 모습을 절대 잊으면 안 될 것 같아서 언젠가부터 요리를 시작했는지도 모른다.

나는 요리사의 아들이 아니라 식당 찬모의 아들이다.

칼국수

 나는 칼국수를 대단한 음식이라고 생각해본 적이 없다. 특별한 날의 메뉴로 칼국수를 떠올리는 일도 없다. 칼국수는 생각보다 요리법이 엄청 단순하다. 누가 하든 맛의 차이도 거의 없다고 생각한다. 그래서 제대로 요리를 하고 싶을 때 전혀 고려 대상이 아닌 것이다. 물론 이건 나만의 생각이다.

 초등학생 시절 집에서 고추 농사를 지을 때였다. 철저하게 가족의 노동력으로만 농사를 짓다 보니, 우리 다섯 식구는 모두 새벽부터 밭에 나가 온종일 일을 했다. 참이나 점심은 항상 밭에서 해먹었다.
 하루는 저녁까지 고추 수확을 끝내기로 작정한 아버지가 잠시 쉴 틈도 없이 우리를 몰아쳤다. 아직 어리던 나는 손이 느리다는 이유로 온갖 지청구를 듣다가 입이 댓 발 나오는 중이었다. 밭일을 할 때 참이나 점심을 준비하는 건 평소 어머니 몫이었는데, 그날은 어머니가 밥하는 시간도 아껴야겠다 싶었는지 내게 음식을 맡겼다.

"영길아 칼국수 끓여라!"
"예? 왜 내가…."
"너 그럼 엄마가 국수 끓일 동안 이 고랑에 고추 다 딸 수 있어? 일도 못하는 놈이 국수라도 끓여야지."
"한 번도 안 해 봤는데?"
"이놈 자식이… 그냥 물 끓으면 면 넣고 김치 넣으면 되잖아."
"네…."

나는 그렇게 태어나서 처음으로 고추밭 가장자리에서 김치칼국수를 만들었다. 재료야 물론 어머니가 미리 준비해놓았고, 어머니가 요리하던 걸 대략 떠올려가며 따라했다. 물이 끓으면 멸치 넣고, 팔팔 끓이다가 김치 다져서 넣고, 한소끔 끓으면 면 넣고서 끝.

이게 잘 될까? 엄청 걱정했지만 막상 먹어 보니 그럭저럭 어머니가 한 것과 비슷했다. 그래서 나름 자신감에 차서 씨익 웃으며 가족들의 반응을 살폈다. "어때요?" "어여 먹고 일하자."

네 식구 중 단 한 명도 평을 해주지 않았다. 그 이후로 어머니가 김치칼국수를 끓일 때면 나는 꼭 "내가 끓인 거랑 아주 아주 똑같네, 뭐." 하면서 구시렁댔지만 역시 가족들로부터는 별 반응이 없었다.

솔직히 김치칼국수 만들기는 굉장히 쉽다. 김치만 맛있으면 된다. 어머니는 항상 멸치 육수를 사용하는데, 내가 보기엔 그것도 괜한 일 같다. 김치 자체의 양념이 강하다 보니 아무리 육수를 내도 그 육수 맛이 그리 살지 않는다. 거의 느껴지지도 않는 맛을 내느라 괜히 시간 들여 육수를 낼 필요가 있을까 싶다.

그저 적당히 물 끓이다가 김치를 다져 넣고 한소끔 끓인 후, 면 넣고 끓이다가 면이 익으면 그릇에 담아 내면 끝. 조금 아쉽다 싶을 때는 김 가루와 청양고추 삭힌 것을 다져서 넣으면 나름 훌륭한 한 끼 식사가 된다.

그런데 내가 칼국수를 대충 만들어 먹는 음식이라고 생각하는 반면, 어머니는 칼국수를 만들 때 어머어마한 정성을 쏟는다.

밀가루를 직접 반죽해서 일일이 밀대로 민 후 두텁게 만들고 칼로 썰어 면발을 만든다. 육수도 꼬박 시간을 들여 끓여낸다. 그래서 국수 한 번 먹으려면 부엌에 온갖 것들이 널브러지게 된다. 결국 어머니의 엄청난 요리 노동을 목격하고 나면 각별히 고맙다는 말을 하고 먹어야 할 것만 같다. 그래

서 나름 효자 아들내미처럼,

"대충하지 뭘 국수를 그렇게 힘들게 해. 면도 사다 쓰든가 하지 말이야."

이렇게 나름 신경써서 말씀을 드리면,

"그러면 그게 국수냐? 라면이지. 이렇게 육수를 끓이고 직접 손으로 뽑아야 몸에도 좋고 맛도 있지."

"국수가 왜 몸에 좋아? 그냥 한 끼 때우는 거지."

"이놈 자식이…."

나는 어머니와 다르다. 내게 칼국수는 대충 해먹어야 제맛인 요리다.

돼지고기 두루치기

 예전에 시골동네에서 마을잔치가 벌어지면 언제나 아버지가 동네사람들 먹일 음식을 했는데 그때 아버지가 주로 하던 요리가 돼지고기 두루치기였다. 보통 이런 마을잔치 요리는 동네 아주머니들이 하게 되는데 우리 동네는 아버지가 정육점을 하셨던 관계로 이런 큰 음식을 도맡아 했다. 그런데 이게 단순히 아버지가 정육점을 하셔서 만이 아니라 류씨 집성촌인 우리 동네에 타성받이가 우리 집 밖에 없었던 이유도 있었다. 아버지는 타성받이로서 차별받지 않으려고 굳이 나서서 하지 않아도 될 일까지 언제나 앞장서서 도맡곤 했던 것 같다. 남들이 하기 싫어하는 일만 골라서!
 어렸을 때였지만 그럴 때마다 나는 마음의 상처를 받았다. 마을사람들이 우리 부모님을 막 대하고 궂은 일을 시켜먹는 것 같아 마음이 언짢기도 했다.
 그래서 그런 마을잔치에 다른 아이들은 좋아하며 갔지만

우리 집 삼남매는 좀처럼 가지 않았다. 마을잔치가 빨리 끝나고 부모님이 돌아오기만을 기다리곤 했다.

이런 부모님의 모습이 싫은 것과는 별개로 나는 아버지가 요리하는 걸 좋아했다. 아버지가 대단해 보였다.

보통 아버지는 새벽에 일어나 집에서 두루치기 재료를 만들어나가곤 했는데, 그 재료 준비 모습이 참 대단했다. 거의 50~60명 정도가 충분히 먹을 양의 돼지고기를 큰 다라이에 넣고, 양파를 엄청 많이 넣은 후에 고춧가루, 고추장, 간장, 마늘 다진 것, 대충 큼직하게 썬 대파를 넣는다. 그리고 고무장갑을 끼고서 마구마구 섞어주면 끝. 아버지는 중간에 맛을 보거나 계량을 하지도 않았는데, 나중에 먹어 보면 항상 기가 막힌 맛이었다.

때로 이런 준비마저 귀찮으면 아버지는 엄청 많은 양의 김치를 돼지고기랑 섞었다. 그리고 고춧가루랑 고추장을 아주 조금 넣고, 물엿을 넣은 후 대파, 양파, 버섯 등을 넣어 섞으면 그걸로 끝.

나도 이후 단체일을 하면서 많은 사람들이 참여하는 행사의 먹거리를 준비하는 경우가 종종 있는데, 그럴 때면 아버지처럼 돼지고기 두루치기를 준비하곤 한다.

처음에 50인 분가량의 돼지고기 두루치기를 준비할 때는 도저히 맛을 보지 않고 양념할 엄두가 나지 않아 재료들을 미리 섞어두고 별도로 양념을 바가지에다 만들어 맛을 본 후 섞곤 했다.

양념을 망치면 어쩌지? 도저히 못 먹을 맛이라 저 많은 고기를 버리게 되면 어쩌지 어쩌지? 하는 두려움에 항상 조금씩 넣으면서 맛을 보곤 했던 것이다.

이렇게 긴장한 채 요리를 하면 엄청 피곤하고 즐거움도 사라진다. 그래서 어느 날인가부터는 용기를 내어 양념을 바로 넣고 있다. 내 감을 믿는 것이다. 그래야 요리가 피곤하지 않고 재미있으며 내게 힘을 준다. 결국 요리의 첫발은 함께 먹을 누군가를 책임질 만큼의 용기를 내는 일이 아닐까 싶다.

그러고 보면 아버지는 누가 뭐래도 당신이 책임지려는 가족들의 삶의 무게만큼, 당신이 책임져야 할 역할만큼의 용기를 가지고 요리를 했던 게 아닌가 싶다.

무쌈만두

 아버지에게 당뇨가 생긴 건 네 번째 교통사고 당시 장기가 파열되어 사실상 소화기 계통 장기를 대부분 잃어버린 후부터다. 이때부터 맛을 잘 못 느끼는지 자꾸만 자극적인 음식을 드시더니 어느 순간 당뇨가 왔다. 아버지에게 당뇨가 생긴 뒤로 우리 집에는 당뇨에 좋다는 다양한 음식들이 갖춰졌다.

 여주 달인 물이 좋다고 해서 어느 해부터인가 말린 여주를 달여서 물처럼 드시고, 야콘이 좋다고 해서 텃밭에 야콘을 재배해 드시고, 올해는 멕시코 감자 즉, 얌빈이 좋다고 해서 얌빈을 재배해 드신다.

 물론 이런 지극정성은 거의 어머니의 몫이다. 아버지는 말로는 어머니한테 요란스럽다고 뭐라고 하시는데 이제 집안의 실세가 어머니다 보니 실상 어머니가 주는 대로 드셔야 하는 상황이다.

그런데 정말 강하게 거부하는 음식도 있다. 아버지는 만두를 좋아하신다. 그래서 만두를 자주 사다드리는 편인데 어느 날 어머니가 당뇨환자에게 만두가 안 좋다는 이야길 듣고서 만두 금지령을 내렸다. 그럼에도 아버지가 워낙 간절히 만두를 원하자 어머니가 내놓은 게 이 무쌈만두다.

갈은 돼지고기에 부추와 양배추를 가늘게 채 썰어 넣고, 물기를 짠 두부를 으깨어 넣은 후, 간장과 후추로 간을 하고 참기름을 듬뿍 넣어준다. 이렇게 소위 일본식 교자만두 속을 만들어둔 후에 무를 최대한 얇고 둥그렇게 만두피 모양으로 썰고 소금에 3~4분 숨이 죽을 정도로만 절인 뒤에 물로 씻어서 준비한다. 이렇게 준비한 무피에 만들어둔 만두속을 넣어서 기름 두른 팬에 군만두처럼 구워주면 무쌈만두가 된다.

어머니는 어디서 이런 요리법을 알아오셔서는 만두 대신 드시라고 아버지에게 해드렸다.

"영선이 아부지, 이거 군만두여유."
"이게 왜 군만두야."
"만두랑 똑같다니까요?"
"만두가 밀가루로 만들어야 만두지. 안 먹어."
"그러지 말고 좀 드셔봐요."

두 분 대화와 상관없이 나는 감탄하며 맛있게 먹었다.

"엄마, 이거 어떻게 만든 거야?"
"이놈 새끼, 그만 먹어. 아부지 거야."
"난 안 먹는다. 영길아, 네가 다 먹어라."

결국 어머니가 폭발했다.
"사람이 뭘 만들어주면 먹는 시늉이라도 해야지. 사람 무안하게시리 쳐다도 안 보면 돼요? 아이구 내 팔자야, 내가 뭔 복을 받겠다고 만날 이 짓을 하구 있을까. 내가 못살아…."

아버지의 반발.
"아니 내가 살면 얼마나 산다고 만두 하나 제대로 못 먹게 난리야, 난리가. 응? 이런 거 필요없다니까."

그러거나 말거나 나는,
"오호, 엄마. 이거 맛있는데 이따가 나 좀 싸줘요. 네? 그리고 아부지는 제가 다음에 집에 올 때 만두 사다 드릴게요. 그러니까 하나만 드셔보세요."

그날 아버지는 무쌈만두를 딱 하나만 드셨고, 그 결과 만두는 우리 집 금지 목록에서 제외되었다.
어머니가 아무리 아버지 건강을 위해 좋은 걸 해드려도, 또 그것이 아무리 맛있는 것이여도 결국 그 흔한 군만두를 이기지 못한 거다.

아버지는 당뇨가 생긴 후 많은 걸 포기했다. 그 좋아하던 술담배도 끊고, 면 음식도 많이 줄이고 심지어 고기도 거의 안 드신다. 대신 어머니가 철마다 몸에 좋다는 음식을 해주면 그건 잘 챙겨드신다.

다만 만두 하나는 끝끝내 포기하지 않았다. 나 역시 누가 뭐래도 만두는 밀가루 만두피로 만들어야 한다고 생각한다. 그래도 이 무쌈만두는 참 별미다.

굴국밥과 굴전

날이 쌀쌀해지는 초겨울 우리 집에는 항상 같은 일이 반복된다.

"영길아! 언제 들어올 거냐?"
"왜요?"
"영선이가 굴 보내왔다. 싱싱할 때 가져다 먹어라. 10kg도 넘게 보내왔다. 귀찮게 이걸 언제 다 손질하라고 이리 보내는지 원. 쯧쯧. 하루종일 손질하다가 허리 아파 죽는 줄 알았다. 에휴, 내 팔자야."
"그래? 그럼 누나에게 전화해서 보내지 말라고 할까?"
"됐다, 이놈아. 준다는 걸 왜 마다해?"
"넵."

인천에 사는 누나는 통영에 사는 지인을 통해 매년 굴을 보낸다. 대개 10kg이 넘게 보내는데 이걸 일일이 살피며 조금씩 섞여든 굴 껍질 같은 이물질을 걸러내는 일이 쉽지 않다. 그래서 어머니는 항상 내게 투덜대곤 한다.

예전에 아버지가 상당히 심각한 교통사고를 당했다. 뇌 수술을 여섯 차례 받고 결국 뇌의 반쪽이 사라질 정도였는데, 생명에는 지장이 없었던 게 그나마 천만다행이었다. 문제는 아버지의 의식 수준이 몇 년 동안 어린아이 수준에 머물러 가족이라고는 어머니만 알아보셨다는 점이다.

더군다나 저기압에 흐린 날이면 어머니도 못 알아보고 계속 횡설수설하거나 집밖으로 나가려고만 해서 그럴 때마다 온 집안이 전전긍긍했다. 그 탓에 어머니가 6년 가까이 아무것도 못하고 오직 아버지 병수발에만 매달렸는데 이게 누나에게는 무슨 원죄처럼 느껴지는 것 같다.

나는 결국 어머니 아버지 인생이니 너무 마음 쓰지 말라고, 그러니까 매년 이렇게 안 해도 된다고 누나에게 말하지만, 그래도 누나의 마음은 쉽게 정리되지 않는 듯하다. "이래야 내가 편해." 늘 이런 식이다.

누나는 유독 장녀의 책임감이 강한 편이다. 그런 누나가 시부모님들을 모시고 사는 탓에 아픈 아버지를 보러올 수가 없어서 마음이 매우 힘들었나 보다. 지금까지도 매년 철만 되면 굴을 보내오니 말이다. 만날 뭔가 미안하다고 하면서.

반면 나는 둘째답달까. 누나가 그러든 말든 부모님이 그러든 말든, 그저 속 편하게 생각하는 편이다. 언제나 부모님에게 미안해하며 굴을 보내는 누나든 그걸 받고 좋아하는 부모님이든, 둘 다 크게 신경 쓰지 않기로 했다. 뭐 다들 알아서 각자의 마음을 품고 살겠거니.

그렇게 굴이 온 날에는 굴국밥을 해먹는다. 물론 생굴을 초장에 찍어 먹는 것도 좋아하지만 워낙 양이 많다 보니 그렇게 먹는 건 한계가 있다. 많은 굴을 한꺼번에 처리하기 좋은 게 굴국밥이다.

우선 무를 편으로 썰어서 참기름에 볶다가 굴을 넣고 좀 더 볶는다. 그러다 굴이 익었다 싶으면 물을 붓고 불린 미역을 조금 넣는다. 그렇게 한참 끓이면 진한 굴 육수가 우러난 국밥이 되는데, 초겨울에 먹으면 그야말로 든든한 보양식이 따로 없다.

하지만 어머니는 굴국밥을 좋아하지 않는다. 내 기억에 어머니는 굴국밥을 만든 적도 없다. 내가 굴국밥을 만들어서 드시라고 할 때면,

"이놈아, 왜 이 귀한 걸 미역국에 넣고 지랄이야?"

이런 반응이다. 내가 이건 미역국이 아니라 굴국밥이라고 우겨도 소용없다. 미역이 들어가면 미역국이라는 게 어머니

지론이다.

그래서 한번은 조금 다른 걸 궁리하다가 굴밥을 만들었다. 이물질을 제거한 굴을 잘 씻어서 쌀 위에 잔뜩 얹고 참기름을 살짝 끼얹어서 밥을 지으면 굴밥이다. 보통 참기름을 안 넣기도 하지만 그러면 굴의 비릿한 향이 강할 수 있다. 그래서 참기름을 아주 조금 넣어서 밥을 지으면 훨씬 고소해진다.

하지만 어머니의 타박은 변함없었다. 이번에는 왜 그 귀한 굴을 익혀 먹냐며 혼을 냈다.

그나마 어머니가 굴을 익혀서 드시는 경우는 굴전을 할 때다. 굴전은 아버지도 좋아하고 어머니도 좋아한다. 어머니는 부침가루에 계란을 넣어 반죽한 후 굴과 느타리버섯을 넣고 전으로 부친다. 이렇게 해도 맛있긴 한데 나는 여기에 청양고추와 홍고추를 다져넣어 부치는 걸 좋아한다. 그래서 어머니가 굴전을 부칠 때면 옆으로 가서 슬쩍 부탁한다.

"엄마, 청양고추랑 홍고추."
"싫어."
"좀만 넣어줘요. 네?"
"싫어, 귀찮아."
"아씨… 그럼 내가 할까?"
이런 식으로 굴전 부치는 것은 대개 내 몫이 된다.
새삼 생각해 보면, 어머니는 참 생굴을 좋아하신다.

짜장

 예전에 우리 집에는 외식이라는 게 없었다. 집이 워낙 가난하기도 하고 먹고 싶은 것들은 어떤 식으로든 어머니가 해주셨기 때문이다. 그래도 몇 년에 한 번 담배 수매가 있는 날(우리 집은 담배 농사를 지었다)에 맞춰 우리 집 삼 남매가 외식하고 싶다고 징징대면 온 가족이 다같이 경운기를 타고 면소재지의 중국집에 갔다. 그게 우리 집의 거의 유일한 외식이었는데 그때 먹는 짜장면은 너무너무 맛있었다.

 물론 평소에 우리가 짜장면이 먹고 싶다고 하면 어머니는 직접 짜장면을 해주셨다. 직접 반죽해서 썬 칼국수 면을 삶아 건지고, 돼지고기를 조금 넣고 양파와 감자를 잔뜩 넣어 볶다가 춘장을 넣어 만들어주시던 짜장면.

 어머니표 짜장면이 맛이 없었던 것은 아닌데, 그래도 나는 중국집 짜장면을 먹고 싶었다. 이건 내게 중요한 문제였다. 어머니에게 제발 짜장면은 중국집 가서 사먹으면 안 되냐고 졸랐지만 어머니는 또 직접 짜장면을 만들거나 내가 더 못 조르게 혼내곤 했다.

보통 다른 집이면 조르고 또 조르면 마지못해 사줬을 텐데 우리 어머니는 전혀 다른 방식으로 문제를 해결하려고 했다. 자신의 짜장면과 중국집의 짜장면이 다르지 않다는 걸 끊임없이 강조하다가 한번은 내가 '단무지 같은 게 없지 않냐'고 하자 결국 단무지까지 똑같이 차려주신 것이다.

나는 어쩌면 짜장면이 먹고 싶었던 게 아니라 그냥 외식이 하고 싶었는지도 모른다. 어머니가 부엌에서 해주시는 게 아니라 당당하게 식당에 가서 돈 내고 먹는 외식 말이다. 하지만 결국 외식은 어린시절 내내 다섯손가락 안에 들 정도로 드물었다.

지금은 어떨까? 이럴 때는 그토록 중국집 짜장면을 좋아했는데, 지금 나는 내가 만든 짜장면을 더 좋아한다.

달군 팬에 기름을 넣고 마늘을 넣어 살짝 볶다가 짜장용 돼지고기를 고춧가루랑 같이 넣어서 좀 매콤하게 볶은 후 양파와 양배추를 채 썰어 넣고 함께 볶는다. 나는 여기에다 오징어, 새우, 조개 같은 각종 해물도 넣는다. 다 같이 볶다가 춘장을 넣어준다.

보통 야채와 해물이 들어가면 국물이 생기기 때문에 별도의 육수는 안 넣어도 된다. 춘장을 넣은 후에는 야채들이 조금 익었다 싶을 때 녹말물을 넣어서 마무리한다.

어머니는 해산물을 잘 안 넣지만 나는 해산물을 많이 넣는다. 이렇게 만드는 짜장은 중국집의 쟁반짜장과 모습이 비슷하다. 나는 암만 생각해도 돈 주고 사먹는 것보다 내가 직접 만든 게 더 맛있는데, 이런 '마음'은 아무래도 어머니에게 배운 듯하다.

붕어찜

어렸을 때 우리 집 별미 중 최고는 붕어찜이었다. 한창 바쁜 봄 농사가 어느 정도 마무리 될 때부터 추워서 더 이상 냇가에서 놀 수 없을 때까지, 조금 특별한 걸 먹고 싶을 땐 언제나 붕어를 비롯한 다양한 민물고기들이 저녁 상에 올라오고는 했다. 그중에서 난연코 가상 압도석인 것은 붕어찜이었다.

보통 냇가에서 붕어를 잡는 건 우리 집 삼부자였다. 아버지는 동네에서도 소문난 어부였다. 보통 시간이 있을 땐 봉다리를 하나 들고 나가서 맨손으로 붕어를 잡으시곤 했는데, 보통 한 시간 안쪽이면 한 냄비 정도 끓일 물고기를 잡았다. 너무 바쁜 철에는 새벽에 통발을 넣어두었다가 저녁에 거둬들였는데 이때도 거의 한 냄비거리씩 들어 있곤 했었다.

이때까지만 해도 나는 아버지의 이 신기한 재능이 자랑스럽고 뿌듯하기만 했다. 하지만 이런 특별해 보이는 재능이 동생 놈에게도 생기는 순간 나는 거의 재앙 수준의 열등감에 사로잡혀버렸다.

나는 족대 같은 물고기 잡는 도구를 잔뜩 들고 나가도 겨우 한두 마리 잡기가 힘들었고, 잘 잡아봐야 피라미들이 고작이었다. 심지어 아버지 몰래 아버지 통발을 들고나가 아침에 넣어두었다가 저녁에 건지러 가도 통발에 물고기 한 마리 들어오지 않는 경우가 훨씬 많았다.

하지만 동생 놈은 어느 순간 아버지처럼 봉다리 하나만 들고 물에 들어가 손으로 물고기들을 움켜잡아 나오기 시작했다. 그렇게 한 봉다리 잡고 난 후 승자의 미소 같은 것을 얼굴 가득 머금고 자랑스럽게 집에 돌아가는 걸 지켜보는 건 상당히 괴로운 일이었다.

그런 날에 어머니는 꼭 동생 놈은 편히 쉬게 해주고 나에게는 무를 깎든가 우거지를 손질하라는 식으로 부엌 조수 일을 시켰다.

그 이후 나는 당연히 냇가 근처에도 가기 싫었다. 어느 사이 내 역할도 어머니의 요리 보조로 굳어져 버렸다. 이건 지금도 비슷한데, 나는 동생 놈하고 고기 잡으러 가서 그 특유의 뿌듯해하는 얼굴을 지켜보며 나의 무능함을 확인하는 순간이 싫다.

사정이 이렇다 보니 언제부터인가 어머니가 바쁘시면 당연히 내가 붕어찜을 하게 되었다. 그런데 웃긴 건 점차 어머니에게도 괜찮게 했다고 칭찬받는 수준이 되었는데 이 동생 놈이 그 이후로 "나는 붕어찜 싫어해"라면서 먹질 않는 거다.

내가 요리한 붕어찜으로 동생 놈 코를 납작하게 눌러주려던 계획은 동생 놈이 붕어찜을 먹지 않으면서 수포로 돌아가 버렸다.

우리 집 붕어찜에는 두 가지 버전이 있는데, 첫 번째는 간단하게 무를 편으로 썰어서 깔고 그 위에 손질한 붕어를 올린 후 미리 만들어놓은 양념장을 얹어 푹 익히는 방법이다.

좀 더 정성을 들이는 두 번째 방법은 무 대신 우거지를 깔고 붕어를 얹은 후에 푹 익혀 먹는 방법이다.

우리 집 식구들은 주로 우거지를 넣은 것을 좋아하지만 나는 무를 넣어서 졸여 먹는 게 더 좋다.

김치 볶음밥

 어렸을 때 우리 집 농사에는 품앗이가 없었다. 언제나 우리 다섯 식구가 농사짓는 전형적인 가족농이었다. 땅이 적었던 탓도 있지만 힘들더라도 가족끼리 짓는 게 그나마 경제적이라는 생각에서 아버지는 항상 꼭두새벽부터 캄캄한 밤까지 온 가족이 밭일을 하도록 만들곤 했다.

 당시 칼국수와 더불어 자주 먹던 음식이 김치 볶음밥이었다. 캄캄한 밤이 되어서야 집에 돌아오면 우리 삼 남매는 씻느라 정신없고 아버지는 농기구들을 정리하느라 바빴다. 얼추 정리가 되면 금세 저녁밥이 등장했다. 우리 집의 그야말로 초간단 스피드 음식은 김치 볶음밥이었다.

 어머니는 자신이 손수 담근 김치에 워낙 자부심이 강해서 김치 볶음밥에 다른 재료를 가미하지 않는다. 양파만 조금 채 썰어 넣고 김치를 볶다가 김치국물을 조금 넣은 후 밥이랑 같이 볶고 마지막에 고추장을 넣어 간을 맞추곤 했다. 그야말로 순수 김치 볶음밥이었다. 그렇게 아무 반찬도 없이 각자의 밥그릇에 가득 담아 후다닥 먹으면 한 끼 해결.

솔직히 나는 이런 식의 김치 볶음밥이 별로다. 그래서 속으로 항상 투덜거렸다. 나는 아무리 급해도 재료를 더 넣어서 볶는다. 가장 좋아하는 추가 재료는 낙지젓갈이나 오징어젓갈. 김치랑 양파를 볶다가 이 젓갈류를 넣어서 볶는 것이다. 그러다가 고추장 넣고 참기름도 살짝 넣고 깨소금 넣고.

내 김치 볶음밥과 어머니 김치 볶음밥의 가장 큰 차이는 이것이다. 나는 밥을 함께 볶지 않는다. 아주 급할 때는 어쩔 수 없이 같이 볶지만 평소라면 덮밥처럼 맨밥 위에 볶은 김치 등을 얹어서 낸다.

자기 김치에 자부심이 강한 어머니는 김치 맛을 살려서 요리하는 편이고, 나는 요리할 때마다 내가 맛을 조절하려는 욕심이 강한 편이다. 그래서 김치 맛이 강하면 김치를 살짝 물에 씻어서 요리하기도 한다. 김치 볶음밥도 요리인데, 요리하는 사람이 맛을 조절하지 못하면 안 되지 않나? 김치마다 약간씩 맛이 다른 까닭에 때로는 김치를 믿지 못하는 탓도 있는 듯하다.

역시 나에게는 요리할 때 직접 맛을 조절할 수 있어야 한다는 게 엄청 중요한 전제다. 나는 어머니가 아니니까….

김치 요리

 사람이니까 당연히 매번 요리를 할 때마다 온갖 정성을 쏟을 순 없다. 어느 때는 그냥 있는 반찬에 살짝 얹혀가는 것만으로도 충분할 때가 있다. 솔직히 이만큼이나 명쾌한 진실도 없다.
 고등학교 내내 혼자 자취를 했는데 그 3년 동안 어머니가 두 번인가 오셨던 것 같다. 그때가 아마 고등학교 1학년 가을쯤이었으리라. 결혼식이 있어 청주에 나오셨던 어머니가 불시에 집에 왔다. 그것도 모르고 친구들이랑 실컷 놀다가 저녁때쯤 집에 들어 왔는데 어머니가 무척 화가 나 있었다.

"너 밥은 해먹고 다니냐?"
"매번 해먹는데 오늘만 바빠서 건너 뛴 거에요"
"도대체 무얼 먹고 사는데?"
"김치 먹고 살지. 왜요?"

"이놈 새끼가. 그러니까 김치로 뭘 해먹고 사냐고?"
"볶아 먹거나 그냥 먹거나 하지. 왜요?"
"그러니까 김치가 있는데 왜 그지같이 살아? 용돈은 다 뭐 하고? 응?"
"그러니까 김치만 줬는데 뭘 더 해먹어요. 도대체!"
"에휴. 내가 못 살아. 에휴."

이런 대화 후에 어머니는 그야말로 김치 요리를 했다. 김치 요리란 이런 식이다. 김치에 닭 넣고 끝.

"에이. 그게 뭐에요. 다른 거 안 넣어?"
"김치 넣잖아. 이놈아."
"…."

속으로 저런 요리가 맛있을 리가 있겠냐며 구시렁거렸는데, 먹어 보면 맛있었다. 김치 자체가 워낙 다양한 양념을 지니고 있어서 이런 고기요리에 적합하다는 게 어머니의 지론이다.

돼지 등갈비의 경우라면, 등갈비를 한 번 삶은 후에 그냥 김치만 넣고 다시 푹 삶으면 그만이라는 거다. 이게 일종의 등갈비 김치찜 비슷한 요리라는 건 나중에 알았다. 실제 이 요리는 맛있는 김치만 있다면 부족할 게 없는 요리다. 세상에서 가장 쉬운 요리가 아닐까 싶다.

등갈비를 한 번 삶지 않고 바로 김치와 함께 삶아내도 되지만 그러면 좀 텁텁한 맛이 날 수 있다. 먼저 등갈비를 한 번 삶고 그다음 김치를 넣어 김치가 푹 익을 때까지 삶아주면 된다.

김치 닭찜도 마찬가지다. 김치를 포기째 넣고 그 위에 절단한 닭을 올린 후 김치국물을 넣고 푹 삶아주면 나름 근사한 요리가 되는 것이다. 지금은 옛날보다 풍족해져서 느타리버섯이나 양파, 청양고추 등을 곁들이는 편이지만 원칙적으로는 김치만 있으면 된다.

그러고 보면 활동도 마찬가지가 아닌가 싶다. 매번 대단한 무엇인가를 할 수도 없고 또 그걸 모두 우리가 할 수 없는 경우도 무척 많다. 그럴 때는 잘하는 누군가, 잘하는 어떤 단체를 따라가거나 그냥 얹혀가는 것도 좋은 방법일 수 있다. 물론 그러기 위해서 중요한 전제는 평소에 잘해야 한다는 것이다. 김치가 주가 되는 음식이 맛있으려면 평소 김치가 맛있어야 하는 것처럼 말이다.

개떡

　내가 어릴 때 어머니한테 가장 많이 들은 욕이 "개떡 같은 소리하지 마라"였다. 일하기 싫어서 온갖 잔머리를 굴려가며 머리가 아프다는 둥, 숙제가 많다는 둥 할 때마다 농사일로 바쁜 어머니는 언제나 나의 핑계를 흘려들으며 "개떡 같은 소리 말고 일이나 해 이놈아!" 하고 버럭 소리를 지르곤 했다.

　그런데 웃긴 건 밤에 입이 궁금할 때마다 어머니가 맛있는 개떡을 해주시곤 했다는 거다. 개떡이라는 게 보잘것없고 볼품 없어도 가난한 살림에서는 없어서는 안 될 중요한 한 끼 식사다.

　개떡은 옛날 보릿고개 시절에 중요한 구황 음식이었다. 그럼에도 그때나 지금이나 가난한 시절을 상징하는 음식은 언제나 천대받는 존재가 아닌가 싶다.

　예전에 개떡은 멥쌀가루에다 봄철에 나는 쑥 같은 것을 넣어 반죽한 후 찌거나 구워먹던 음식이었다고 한다. 한마디로 남은 곡식 가루에다 쑥이니 불린 콩이니 하는 온갖 것들을 넣어서 한 끼 식사 대용으로 먹었던 음식인 셈이다.

요즘 어느 지역에서는 이 개떡이 향토음식으로 불리기도 하나 보다. 그래서 찹쌀가루에 꿀을 섞어 찌거나 숯불에 구워 먹기도 하는가 본데 이런 건 조금 우스꽝스럽다. 한때의 구황음식에 꿀이라니 말이다.

가난한 살림이던 우리 집에서 개떡은 당연히 밀가루에다 버리기 아까운 콩을 불려 넣어 만드는 음식이었다. 밀가루만 넣으면 찰기가 부족하여 멥쌀이나 찹쌀가루를 조금 섞거나 아니면 옥수수를 빻아 섞기도 했다. 이 어머니식 개떡에도 나름의 레시피는 있었다.

어머니는 우선 미지근한 물에 소금과 뉴슈가를 풀어두었다. 당시에나 지금이나 어머니는 단맛을 내기 위해 주로 뉴슈가를 쓴다. 내 생각에도 개떡 따위에 꿀이나 조청 같은 것을 넣을 순 없지 않나 싶다.

그런 다음 밀가루에다 미리 불린 콩이나 갓 수확한 완두콩을 넣고 물을 넣어 반죽한다. 너무 질지 않게 반죽한 후 찜솥에 찜용 천을 깔고 그 위에 반죽을 넓게 펴 쪄낸다. 가끔은 별미로 이 반죽을 아궁이에 넣어서 일종의 구운 떡처럼 만들어 먹기도 했다.

요즘도 어머니는 내가 밭일을 하거나 가끔 집에 들렀다가 밤에 출근한다고 하면 비닐팩에 개떡을 싸주신다. 그러면서 꼭 한마디 하신다. "밥 먹고 다녀라. 굶지 말구."

그러실 때마다 "요즘 세상에 누가 굶고 일해요. 간단하게 먹을 게 얼마나 많은데. 괜한 걱정하곤." 이런 말이 튀어나오려고 하지만 참는다.

맛있는 개떡을 더 많이 얻어 먹고 싶기도 하고, 괜히 그런 말을 했다가 "개떡 같은 소리 하지 말고 먹기나 해"라고 욕이나 듣지 않을까 싶어서.

된장국

 어느 집 음식에나 나름의 사연이 있기 마련이지만 우리 집은 좀 유별나다. 집안 대대로 내려오는 요리 비법 같은 것이 있기보다는 어머니 취향이 엄청 절대적이다. 그런 특징이 가장 두드러지는 요리가 우리 집 된장국이 아닐까 싶다.
 일반적으로 된장국은 된장이 베이스여서 큰 변화를 주기 힘들다. 한마디로 된장맛이 강해서 다른 어떤 재료를 넣어도 특별한 맛을 내기가 힘들다는 말이다. 그렇다 보니 엄청 정성을 들여 요리해도 태가 나지 않지만, 반대로 대충 해도 망치지 않는 게 된장국의 특징이다.

 예전에 공룡에서 진행하는 행사에 초대 손님으로 온 일본 레이버넷 활동가 야스다가 공룡들을 위해서 일본 농촌에서 흔히 먹는 식으로 된장국을 해준 적이 있다. 일본에서 오실 때 일본 된장을 조금 가져와주신다길래 잔뜩 기대했는데, 진짜로 자신이 딱 한 번 요리할 만큼만 아주 조금 가져와서 한참을 웃은 기억이 난다. 여튼 야스다가 해준 된장국은 미소된장이 아니라 일본식 전통비법으로 만든 된장에 각종 야채들을 넣어 맛을 낸 것이었는데 매우 단 것이 특징이었다.

맛있긴 한데 우리에게 익숙한 짠맛이 아닌 단맛이 워낙 강해서 상당히 낯선 경험이기는 했다. 당근과 우엉과 애호박 등 다양한 채소들의 식감은 묘하게 살아있었다. 한편 된장 맛이 강한 까닭에 들어간 야채들이 무엇이 되었든 문제될 것 없는 맛이었다.

결국 된장국은 된장맛이 강하다는 점이 요리를 할 때 매우 어려운 점이다. 그런데 반대로 보면 강한 된장맛 덕분에 무슨 실험을 해도 맛이 괜찮다. 이런 식으로 된장을 믿고 요리하는 게 우리 어머니 방식이다.

말하자면 배추 된장국이나 시래기 된장국, 우엉 된장국은 어차피 매한가지다. 멸치 육수에 된장 풀고 배추나 시래기나 우엉을 넣으면 되는 거다. 우리 어머니는 여기에다 별것을 다 넣는다. 봄에 고추 새순을 따면 이것을 데친 후에 된장국에 넣어 고추 새순 된장국을 끓인다. 뽕잎 순이 나오면 뽕잎 순 된장국, 쑥이 나오면 쑥 된장국을 끓인다. 이게 다가 아니다. 머위 된장국, 냉이 된장국… 잎순이 나오는 온갖 이름모를 풀이 다 된장국에 들어간다고 보면 된다.

1장 나, 식당 찬모의 아들

우리 집 된장국에는 일년 내내 신기할 정도로 다양한 것들이 들어간다. 내가 어머니께 한번은 "이번엔 또 뭘 넣었어요?" 하고 여쭈었다. 그러자 어머니 말씀. "그게 뭐가 중요해, 된장국이 다 된장맛이지"

 그런 거다. 어떤 새순이든 살짝 데치면 특유의 향은 적절하게 날아가고 연한 식감과 독특한 풍미만 은은하게 남는다. 하지만 결국에는 된장맛으로 먹는 것이 된장국인 거다.

수육 두루치기

 어머니는 마을 잔칫날이면 어김없이 음식하는 일을 맡았다. 워낙 동네에서 음식을 할 때 손이 크다고 인정받기도 했고, 그렇게 궂은일에 나서야 타성받이라고 무시받지 않는다고 굳게 믿은 탓도 있었던 것 같다.
 하지만 어릴 적에 나는 어머니의 잔치 품앗이가 부적 싫었다. 그래서 아침 일찍 잔치 준비를 하러 나가려고 채비하는 어머니 뒤를 쫄쫄 따라다니며 귀찮게 했다.
 "안 가면 안 돼? 응?"
 그럴 때마다 어머니는 이렇게 나를 달랬다.
 "이따가 맛있는 거 잔뜩 싸올 테니 기다려. 알았지?"
 그런데 솔직히 나는 어머니가 일하러 가는 것보다 일 끝나고 다른 사람들 눈치가 보일 정도로 남은 음식을 잔뜩 챙겨오는 게 더 싫었던 것 같다.
 보통 시골 잔치 메뉴는 뻔하다. 주로 돼지고기 수육과 국수

1장 나, 식당 찬모의 아들

요리가 나오는데 그중에서도 수육은 빠지지 않는 필수 요리였다. 그렇게 마을 잔치가 끝나면 어머니는 마지막 정리까지 마치고 남은 음식들 중 특히 수육을 최대한 많이 싸오셨다.

그럴 때면 우리 삼 남매는 좋든 싫든 며칠간은 고기를 원 없이 먹었다. 문제는 며칠째 수육을 먹다 보면 질리고 만다는 것이다.

"아! 또 수육이야?"

"이놈 자식이, 배가 불렀어. 쯧쯧."

우리가 투정하면 어머니는 그렇게 꾸중을 하며 마침내 수육이 다 없어질 때까지 밥상에 계속 수육을 차리셨다.

수육을 며칠째 데워 먹다 보면 차츰 뻣뻣해지는 고기 부분이 흐물흐물해지는 비계 부분과 분리되어 보기도 안 좋고 먹기도 안 좋은 상태가 되어버린다. 그래서 아무리 어머니가 뭐라고 해도 하루 지난 수육은 잘 먹지 않았다. 그러면 어머니는 아예 대놓고 협박을 했다.

"이거 다 먹을 때까지 다른 반찬은 없다."

한 고집하던 나는 어머니의 협박에도 불구하고 맨밥에 고추장을 비벼 먹으며 맞섰는데, 그럴 때 아버지가 해주시던 게 두루치기 요리였다.

돼지 생고기로 하는 두루치기는 다들 익숙해도 수육을 재활용하는 두루치기는 낯설 것이다.

아버지는 콩나물을 먼저 볶다가 마지막으로 돼지고기 수육을 넣어서 한번 후다닥 볶아냈는데 이게 엄청 매콤하고 맛있었다. 이후로는 수육이 생길 때마다 일부러 수육 두루치기를 해먹었다.

특히 고등학교 자취생 때는 어머니가 가끔 마을 잔치에서 얻어 와 싸주는 수육을 자취방에 가져와서 바로 두루치기로 만들어 먹곤 했다.

수육 두루치기를 만들려면 우선 기름 두른 프라이팬에 마늘을 다져 넣고 콩나물을 볶는다. 거기다 고춧가루와 고추장, 간장을 넣어서 볶다가 콩나물 숨이 죽으면 수육을 넣어서 볶는데, 이때 초고추장 한 큰술과 참기름을 넣고 마지막으로 간을 맞추면 끝이나.

술안주로 먹을 땐 매콤하게, 밥 반찬으로 먹을 때는 달달하게 하는 방식으로 그때그때 입맛에 맞추어 볶아준다.

수육뿐만 아니라 먹다 남은 고기 종류는 대개 이런 방식으로 재활용할 수 있다. 삼겹살이 애매하게 남았을 때도 이렇게 요리하면 좋다. 사실 소시지든 닭고기든 어묵이든 며칠 묵은 재료가 눈에 띌 때 가장 덜 귀찮고 맛있게 후다닥 해먹을 수 있는 요리가 이런 두루치기다.

스키야키

요리도 하다 보면 나름 발전하는 모양이다. 나는 고등학교에 입학하면서 혼자 자취생활을 시작했다. 워낙 가난한 집안 사정 탓에 그야말로 단칸방 월세집에서 자취생활을 했다. 이 자취방은 따로 부엌도 없는 그야말로 달랑 방 하나였고, 화장실도 공용으로 이용해야만 하는 집이었다.

일용직 노동자들이 잠만 자는 이런 종류의 집들은 사실 장기적으로 살 만한 곳이 아니었다. 하지만 가난한 집 사정으로 이런 방에서 고등학교를 다녀야 했는데 가장 불편한 건 역시나 먹는 문제였다.

모든 요리를 잠자는 방 안에서 해야 했으니까 말이다. 부득이 냄새가 나지 않는 요리를 하게 되는데, 이것도 귀찮아지면 아예 요리를 안 해먹기도 했다. 이때 간편하게 먹으려고 자주 했던 요리가 양파 간장 볶음 덮밥이다. 말 그대로 양파를 볶다가 얼추 익으면 간장과 참기름과 깨소금을 넣고, 조금 더 볶다가 이걸 밥에 얹어 먹는 요리였다.

하루는 부모님 댁에 들렀더니 어머니가 삼겹살을 싸주셨다. 한 번에 다 구워먹기가 어려워 한 끼 분량씩 나누어 조금씩 요리해 먹었다. 우선 삼겹살을 굽다가 반쯤 익으면 양파를 넣어서 같이 볶는다. 그러다 양파가 익으면 간장과 참기름과 깨소금을 넣어서 더 볶아주다가 밥에 얹어서 먹는 것이다. 그렇게 며칠 내내 어머니가 싸준 삼겹살을 나눠먹었다.

이런 요리가 소위 말하는 스키야키 즉, 일본식 삼겹살 볶음 요리라는 건 나중에 알았다. 보통 스키야키는 삼겹살을 반쯤 프라이팬에 익히다가 스키야키 소스를 넣어 졸인다. 스키야키 소스는 일본식 간장인 쯔유에 정종과 설탕을 약간 넣은 후 생강 채 썬 것을 넣어 만든다. 이 소스에 고기를 졸이다가 다 익으면 접시에 건져놓고 남아 있는 소스 국물에 채 썬 양파를 볶는다. 볶은 양파를 접시에 담고 그 위에 먼저 볶아둔 돼지고기를 얹어서 내면 완성이다.

보통 일본식 삼겹살 요리는 달달한 게 특징인데, 꼭 생강 채를 넣어야 그나마 상큼한 맛이 감돌아 먹기에 부담이 없다. 안 그러면 너무 달짝지근하다.

예전 요리법 중에 삼겹살을 간장에 찍어 철판에 굽던 것도 아마 이 일본식 요리법의 영향이 아닐까 싶다. 일제강점기 노동자들이 우리나라 최초로 삼겹살을 구워먹기 시작했다니까, 아마 이때 삼겹살을 이용한 볶음 요리법을 서로 배운 게 아닐까 싶다.

그런 의미에서 삼겹살 볶음을 해먹고 싶은 이들이라면 스키야키도 좋지만, 냉장고에 있는 야채들을 볶다가 삼겹살도 같이 넣어 볶아 먹는 가난한 자취생의 레시피도 권해본다.

단호박 해물찜

 고등학생 시절 가난한 자취생이라서 아침저녁으로 김치에 맨밥만 먹던 나는 친구들이 놀러와도 딱히 내놓을 게 없었다. 만날 김치 볶음밥 같은 걸 주기는 미안하고 그렇다고 돈도 없는데 장 봐서 뭔가를 해줄 능력도 없었다. 그래서 친구놈들이 놀러온다고 하면 구구 사양했는데 그럼에도 내 자취방에는 자주 친구놈들이 들이닥쳤다.

 이렇게 들이닥친 녀석들이 먹을 걸 내놓으라고 성화할 때 할 수 없이 해먹던 것이 단호박 고추장밥이다.

 요즘 말로 하면 단호박 영양찰밥이려나. 사실 거창한 건 아니고 맨밥을 매운 고추장에 비벼 속을 파낸 단호박에 꽉 채운 뒤 10분 정도 찌면 완성되는, 그야말로 자취생용 끼니다. 단출하긴 해도 매운 밥과 달달한 호박이 어우러진 맛에 친구놈들이 매번 신기해하며 먹었다.

 단호박은 생각보다 해먹기 간단하면서도 폼이 나는 재료

다. 어릴 때 어머니가 단호박으로 이것저것 자주 만들어주신 기억 때문인지 나도 단호박 요리가 매우 익숙한 편이다.

재밌는 건 내게 단호박은 전자레인지와 떼려야 뗄 수 없는 재료라 나는 전자레인지가 있을 때만 단호박 요리를 한다는 점이다.

대학에 다닐 때 돈이 없어서 편의점 알바를 했더랬다. 별거 없는 그렇고 그런 알바였지만 난생 처음 접한 전자레인지의 세계가 놀랍고 신기해서 몇 달이나 헤어나오지 못하고 전자레인지 중독 상태로 살았었다. 이 전자레인지와 잘 어울리는 재료가 바로 단호박이다.

가을쯤인가? 고등학교 때 친했던 친구가 내가 알바를 하던 편의점으로 찾아와서 울먹거렸다. 당시 나는 한창 학생운동이란 것에 목숨을 걸던 때라서 고등학교 친구와 인생 상담 따위는 하지 않던 시절이었지만 친구놈이 울먹거리는 바람에 할 수 없이 이야기를 들어주었다. 사연인즉슨, 군 장교 출신의 아버지가 친구에게 학사장교에 지원하라고 해서 대판 싸우고는 집을 나왔다는 것이다. 그 말을 들으니 대학생 주제에 가출이나 하는 친구놈이 한심하기도 하고 겨우 아버지랑 싸운 것 가지고 울먹거리는 것도 짜증이 났다. 하지만 일단 내 자취방에 가 있다가 알바 마칠 때쯤 나와 술이나 한잔 하자고 말해주었다.

그러고선 그 친구가 올 시간에 맞춰 편의점 옆 시장에서 사온 단호박의 속을 파냈다. 그리고 라면을 봉지에 담아 불린 후 국물을 버린 면에 라면스프를 넣어 비빔면처럼 비비고 단호박 속에 넣어 전자레인지에 돌렸다. 매운 단호박 라면 요리라고 해야 하나. 아무튼 편의점 앞 길가에 친구놈과 나란히 앉아서 아침시간부터 그런 것을 소주랑 같이 먹었더랬다.

술을 마시자 본격적으로 시작된 친구놈의 신세 한탄. 아버지가 반 강제로 학사장교에 지원시키려 한다는 등, 집에서도 군대식 경례를 시킨다는 등, 집에서 독재자처럼 군림하는 아버지가 무섭다는 등, 죽고 싶다는 등…. 나는 친구의 신세 한탄을 귓등으로 듣고, 아침 출근으로 바쁜 사람들이 던지는 언짢은 시선을 무시하며, 다만 내가 만든 단호박 요리가 마음에 들어서 맛나게 먹어치웠다.

단호박까지 다 먹어치우고 남은 소주를 들이키는데 순간 여전히 이어지는 친구놈 넋두리가 짜증스러워 결국 한마디 했다.

"야. 독립해 임마. 그런 개 같은 아버지 따위 개무시하구… 언제부터 우리가 효자 노릇 했다구. 원래 스무살 넘으면 부모 말 따위 싹 무시하고 독립적으로 사는 거야. 자꾸 받아주니깐 네 아부지도 습관이 돼서 그러는 거라구. 네 아버지도 개무시를 당해봐야 인간 된다니까…."

그 친구놈은 결국 두 달이 넘도록 내 자취방에서 살았고,

결국 학사장교는 포기했던 것으로 기억한다.

내가 단호박으로 가장 많이 해먹는 건 단호박 영양밥과 단호박 해물찜이다. 한때 손님 대접 요리로 이걸 자주 했다. 대충 값싼 냉동오징어를 사다가 아주 맵게 오징어 두루치기를 한 후, 속을 파낸 단호박에 넣어 전자레인지로 15분 정도 돌리면 엄청나게 맛난 단호박 해물찜이 된다.

또 미리 잡곡과 찹쌀을 섞어서 밥을 한 후 단호박에 채워서 전자레인지에 15분을 돌리면 저녁으로 손색이 없는 근사한 영양밥이 된다.

특별한 요리를 하고 싶다면, 전자레인지로 미리 단호박 조각을 돌려서 익힌 후, 여기에 녹인 버터를 발라 프라이팬에 살짝 굽다가, 계피가루나 땅콩, 아몬드 같은 걸 살짝 뿌린다. 그러면 고급스러운 단호박 구이를 먹을 수 있다.

내 경우 단호박 요리를 할 때는 꼭 전자레인지가 있어야 한다.

콩나물국

 요리하길 좋아하는 부모님을 두어 좋지만 때론 곤란할 때가 있다. 아버지가 좋아하는 요리 방식과 어머니가 좋아하는 요리 방식이 다르기 때문이다. 그래서 두 분 취향을 잘 기억했다가 때로는 아버지 방식으로 때로는 어머니 방식으로 요리를 해야 한다.

 우리 집은 두 분의 방식이 상충할 때가 많다. 특히 생활 방식에 있어서 두 분은 극단적으로 다른 편이다.
 아버지께서 평생토록 지켜온 주의는 가난한 사람은 가난한 사람들끼리 도우며 살아야 한다는 것이다. 그래서 가진 것 없는 타성받이로 살면서도 누군가 부당한 일을 당하면 나서서 함께 싸웠다. 한창 농민회를 중심으로 농민 운동이 확대되었을 때다. 아버지는 친 정부적인 농민단체에 맞서 농민 운동을 하는 후배들을 위해 열 일을 제치고, 가끔은 농사도 포기하고 쫓아다니셨다. 특히나 농민회 운동을 하던 후배(이 작자는 서울대 농대 출신이다)가 국회의원 선거에 나갔을 때는 그 후배의 농사까지 도맡아 하면서 온종일 선거 운동을 하고 다니셨다. 그때마다 가난한 우리가 가난한 농민을 도와야 한다고 하면서, 가진 놈들은 가진 놈들 편이라고 말씀하셨다. 그렇게 평생을 살며 손해도 많이 보고 소위 배신도 당했지만, 변함없이 함께 어울려 살아야 한다는 생각이 강한 분이셨다.

이에 비해 어머니는 가난한 놈들끼리 모여봐야 서로 등쳐먹기만 하고 지지리 궁상이나 떨며 살게 되니 되도록 서로가 멀리 떨어져 살아야 한다는 주의다. 처음에는 이런 주의가 아니었는데 점차로 생각이 바뀌셨다. 물론 그 과정에 아버지가 있다.

아버지가 그렇게나 믿고 도와주었던 그 잘난 서울대 농대 출신의 후배라는 작자는 결국 아버지 같은 사람들을 내버리고 신한국당으로 넘어가버렸다. 게다가 그 작자가 운동하는 내내 아버지와 함께 집안 농사를 책임지던 부인과는 이혼을 하고 운동하면서 만난 모 여성단체 활동가이자 대학강사와 결혼해버렸다.

아버지는 이 사건으로 며칠을 술을 마시면서 배신감을 토로했다. 이를 지켜본 어머니는 이후로 운동이나 농민회활동으로 엮인 지인들을 매우 싫어하게 되었다. 한번은 내게도 아버지처럼 배신 안 당하려면 진작에 저런 놈들하고는 발을 끊으라고 신신당부했다.

물론 나는 때로는 아버지 방식으로 또 때로는 어머니 방식으로 살아가는 중이다. 나름 요령껏 한다고 하는데, 지켜보는 아버지는 내가 살아가는 방식이 걱정스럽다고 하고, 어머니는 내가 아직도 정신을 못 차렸다고 한다.

아버지는 콩나물국을 끓일 때 거의 콩나물만 넣은 맑은 국을 끓인다. 아버지 요리법의 특징은 마늘을 쓰지 않는다는 것이다. 콩나물 대가리와 꼬리 부분은 다듬는다. 그러면 마늘을 안 써도 특유의 비린내가 덜하다. 여기에 시원한 맛을 더하기 위해 청양고추를 썰어 넣는다.

반면 어머니는 콩나물을 통째로 넣고 김치를 썰어넣은 김치 콩나물국을 좋아한다. 이때 신김치보다 생생한 김치를 사용하는 편인데 가끔 신경 써서 요리할 때는 새우젓으로 간을 한다. 어머니는 시원하고 얼큰하면서도 풍부한 맛을 좋아하시는 거다.

이렇다 보니 아버지를 챙길 때는 맑게, 어머니를 챙길 때는 김치를 넣는 식으로 눈치껏 요리해야 하는 어려움이 있다. 하지만 나도 이젠 나이를 먹고 그런 것까지 신경 쓰기가 싫어져서 내 식으로 만들기 시작했다. <u>아버지의 맑은 국물 방식으로 끓이다가 마지막에 고춧가루를 조금 넣어 붉은 기운이</u>

살짝 돌게 하는 것이다. 이게 내 방식이다.

    결과는? 두 분 다 나의 방식을 싫어한다. 하지만 나는 역시 내 방식대로.

치킨 가라아게

시골에서는 새로운 것을 해먹고 싶어도 그러기가 힘들다. 무턱대고 안 먹던 요리를 하다가 낭패를 당할 수도 있다. 우리 어머니처럼.

어렸을 때 우리 집도 닭을 키웠는데, 먹기 위해 키우는 닭이었다. 나 역시 동물을 키운다는 느낌보다는 먹기 위해, 요리하기 위해서 닭을 키운다고 여겼다. 그것을 늘 확실하게 각인시켜준 존재가 어머니였다. 그런데 유독 동생은 닭에 애정을 쏟았다. 때문에 닭을 잡을 때마다 울먹이며 유난을 떨곤 했는데, 뭐 그래 놓고도 먹을 때 보면 잘만 먹었다.

당시 어디 가서 통닭을 사먹을 수 없는 우리 집 식구들은 어머니가 정성들여 키운 닭으로 어머니표 통닭을 해먹곤 했다.

어머니는 손질한 닭 한 마리에 튀김옷을 입혀 통째로 튀긴 후, 큰 접시에 올리고 먹기 좋게 찢어 그 위에 파채를 올려 내셨다. 이게 요즘 도시에서 가끔 보이는 옛날식 치킨, 즉 '한 마리 통째' 치킨의 원조가 아닐까 싶다.

그러던 어느날 서울 사는 외사촌들이 우리 집에 놀러 온 적이 있었다. 어머니 형제들 중에 서울로 시집 간 이모들은 나름 부유하게 살았는데 유독 가난한 집에 시집 와서 고생을 했던 어머니는 여동생들에게 조금 콤플렉스를 느꼈다. 그래서 여동생들만 오면 자랑할 만한 것을 내놓곤 했다. 내가 비록 가난하게 살지만 남부럽지 않게 잘 먹고 잘 살고 있다는 걸 증명하고 싶었던 건지도 모르겠다.

그날 어머니는 외사촌들에게 통닭을 튀겨주겠다고 하셨다. 그러자 서울 사는 외사촌들이 엄청 기대를 했다. 나는 아무래도 어머니의 무리수 같았지만, 여튼 어머니 마음이니까 말리지 않고 가만 있었다.

그런데 역시나, 통째로 튀겨진 닭을 본 외사촌들이 엄청 실망하는 것이었다. 그들이 먹어본 것은 통닭이 아니라 '치킨'이었으니까. 가게에서 파는 조각낸 닭에 별도로 튀김옷을 잔뜩 묻혀 튀겨내는 치킨 말이다. 어머니는 외사촌들의 반응을 보고서는 본인도 실망스러웠던지 내게 "서울 것들이라서 참 까탈스럽네." 하시길래 나도 한마디 내뱉었다. "그러니까 왜 치킨을 해준다고 해서 이 난리야, 엄마는. 창피하게."

그날 나는 그 말 때문에 트집을 잡혀 어머니한테 하루 종일 혼나고 혼나고 또 혼났다. 그런데 그날 이후 우리 집은 예전처럼 한 마리 통째로 튀긴 통닭 대신 조각조각낸 통닭을 먹게 되었다. 또 그때마다 어머니로부터 "이게 도시에서 먹는 치킨이라는 거야"라는 말을 수도 없이 듣게 되었다.

그런데 소위 옛날식 통닭과 오늘날 치킨의 차이는 단순히 닭 모양에 있는 게 아니라 튀김옷에 있다.

옛날식은 별다른 비법 없이 밀가루나 튀김가루 같은 것으로 튀김옷을 만들지만 치킨은 온갖 조미양념들로 범벅된 치킨파우더로 튀김옷을 만든다. 일반 튀김옷으로는 치킨파우더 튀김옷의 자극적인 맛을 내기가 어렵다. 여기서 생기는 미묘한 차이 탓에 사람들은 사먹는 통닭에 더 감칠맛이 난다고 여긴다.

내가 종종 요리하는 치킨 가라아게도 마찬가지다. 원래 치킨 가라아게는 2:2:1 비율로 섞은 간장, 정종, 설탕을 기본 베이스로 마늘, 생강, 후추 등등의 자극적인 양념들을 가미해 재웠다 튀기는 요리인데, 이것도 아주 미묘한 차이로 맛이 바뀐다.

보통은 손질한 닭을 앞서 말한 간장 베이스의 양념에 재웠다가 밀가루와 전분가루를 섞은 튀김옷을 입혀 튀긴다. 그런데 일반적으로 집에서 요리할 때는 오래 재워두기가 쉽지 않으므로 아예 튀김옷을 입혀버리기도 한다.

그런데 튀김옷을 입혀서 튀겨버리면 엄밀히 말해 가라아게가 아니라 고로모아게 혹은 덴푸라 방식의 튀김요리가 된다. 진짜 가라아게는 고기를 양념에 충분히 재웠다가 밀가루와 전분가루를 섞은 것을 표면에 살짝 묻히기만 해서 튀기는 요리다. 즉, 튀김옷으로 감싸는 건 고로모아게이고 본 재료의 육즙이 빠지지 않게 살짝 가루만 입혀 튀기는 게 가라아게인 것이다. 그러니까 내가 만드는 건 사실 고로모아게인데 이걸 가라아게라고 부르고 있었다.

하지만 어머니가 자신의 요리법이 '통닭'인지 '치킨'인지 상관치 않았듯이, 나 또한 내 요리 방식이 가라아게인지 고로모아게인지 별로 상관하지 않는다. 그저 양념 맛이 강하게 배도록 할 때는 튀김옷을 입혀서 튀기고, 프라이드 치킨 느낌으로 튀길 때는 닭을 잠깐 차가운 맥주에 재웠다가 소금 후추 간만 한 다음 전분가루에 묻혀서 튀겨 낸다. 이럴 때는 따로 소스를 만들어 내놓으면 된다.

세상은 자꾸 소위 '정식 요리법'을 찾는데, 나는 그것이 귀찮고 불필요하게 느껴질 때가 많다. 그래서 쉽게 무시한다. 다만 여기서 어머니와의 차이가 있다면 이것을 굳이 자랑하려 들지 않는다는 점이다.

어머니는 여전히 뭔가 새로운 것을 만들면 항상 나를 붙들고 그렇게 자랑을 하시곤 한다.

약밥과 약식빵

어머니는 우리 삼 남매가 뭘 먹고 싶다고 칭얼대면 어떤 식으로든 그걸 해먹였다. 그래서 우리 집은 먹는 것에 한해서는 항상 풍족했다고 생각한다.

그런 우리 집이었지만 먹고 싶다고 해서 언제나 먹을 수 없는 음식이 있었다. 뿐만 아니라 그걸 해먹는 것에는 상징적 의미가 있었다. 바로 약밥과 약식빵이었다.

어머니는 아버지 생신이나 아버지에게 기념할 만한 아주 중요한 일이 있을 때만 약밥을 지었다. 아버지 생신이라고 해서 매년 먹을 수 있는 것도 아니었다. 약밥을 할지 말지 결정하는 것은 어디까지나 어머니의 고유하고 절대적인 권한이었다. 아버지가 뭔가 밉보이는 일을 하면 비록 생신이어도 절대 약밥은 없었다.

한편 이럴 때도 있었다. 내가 중학생일 때 아버지께서 8개월 동안 청주 우시장을 비롯해 근방의 우시장들을 돌아다니신 적이 있었다. 이제 막 성장하려는 송아지를 사서 짧은 기간만 기르다가 중소 크기쯤 되었을 때 되파는 식으로 한우 축사를 해보려고 하셨던 것이다. 그렇게 아버지가 소 키우는 일의 다양한 노하우들을 배우신 지 8개월만이었다. 어느 날 우리 집에 송아지 한 마리가 들어왔다.

이날은 어쩐지 집안 분위기가 숙연하기까지 했다. 나름 우리 집으로서는 획기적인 사건이었던 것이다. 그리고 아버지에게 매우 특별한 날이었기에 어머니는 어김없이 약밥을 준비했다.

나는 송아지가 집에 들어온 것도 기뻤지만 그보다는 약밥을 먹을 수 있다는 사실이 훨씬 더 기뻤다. 나는 그렇게 약밥에 환장했다. 그런데 중요한 것은 그렇게 약밥에 환장하느라 그 송아지 한 마리가 장차 내 삶에 얼마나 큰 질곡이 될지 까맣게 몰랐다는 점이다. 이날 이후 내게는 아침저녁으로 소 밥 주기, 소똥 치우기 등의 일거리가 주어졌다.

약밥은 우리 집에서는 매우 상징적인 음식이다. 한마디로 약밥 먹는 날은 뭔가 기념할 만한 날이었다. 그러다 보니 예상치 못한 날 갑자기 약밥이 상에 오르면 당황해서 제각기 오늘이 무슨 날인지 재빨리 기억해내야 하는 게 우리 집 풍경이다.

보통 우리 어머니는 찹쌀 2컵 분량에 대추 20개, 밤 20개를 기본 단위로 약밥을 만든다. 여기에 잣, 호박씨, 호두 등의 견과류를 곁들인다.

가장 중요한 것은 약밥 물이다. 약밥 물은 대추 우린 물 2컵에 흑설탕 1컵, 간장 2큰술, 참기름 2큰술, 소금 1작은술, 계피가루 1작은술 정도를 넣는다.

우선 찹쌀을 불려놓는데, 압력밥솥으로 밥을 할 거면 많이 불리지 않아도 된다. 대추는 씨앗만 발라서 씨앗에 물 2컵을 붓고 끓여 노랗게 대춧물을 우린 후 여기에 흑설탕을 녹인다. 이렇게 준비가 다 되면 우선 불린 쌀에 흑설탕 물을 넣고 기타 양념들을 넣고 마지막으로 견과류를 넣어 밥을 하면 된다. 누군가는 대추랑 잣은 밥을 다한 후에 섞어주면서 넣어야 퍼지지 않는다고도 하는데, 귀찮으면 그냥 다 집어넣고 밥을 한 후 잘 섞는다. 이걸 식혀주면 약밥이 완성된다.

고등학교 자취할 때 어느날 떡집 앞을 지나가다가 약밥을 본 적이 있다. 약밥에 눈이 꽂혀서 한참을 쳐다보다가 도저히 참을 수가 없어서 어머니에게 전화를 걸어 약밥 만드는 법을 여쭸다.

"약밥? 이 미친 놈, 공부나 해."
"해달라는 것도 아니고 내가 해먹는다니까… 응?"
"찹쌀은 있어? 계피가루는? 흑설탕은? 대추는?"

결국 나의 문제는 기본 재료를 살 돈이 없다는 것이었다. 어머니는 한참이나 이놈은 도대체 커서 뭐가 되려고 이러느냐는 식의 푸념을 하시다가, 이윽고 약밥보다 간편하게 할 수 있는 약식빵이란 걸 일러주셨다.

약식빵은 약밥에 비해 훨씬 간단하다. 일단 빵을 준비해야 하는데 집에 먹다 남은 빵이 있으면 그걸 써도 되고 없으면 바게트 빵을 사면 된다. 빵은 잘게 찢어 놓는다.

빵이 준비되면 물 750g에 흑설탕 400g을 냄비에 넣고 끓이다가 한 김 식힌 후, 찢어 놓은 바게트 빵에 부어 몇 시간 절인다. 다 절여지면 중력분 밀가루 350g에 베이킹소다와 베이킹파우더를 각각 10g, 생크림 50g, 올리브유 70g을 넣어서 잘 섞다가 각종 견과류를 한 움큼씩 넣어서 섞고 마지막으로 계피가루를 솔솔 뿌려준다.

그다음 기름칠을 해놓은 전기밥솥에 반죽을 넓게 펴서 앉히고 위에다가 토핑용 흑임자를 솔솔 뿌린다. 그리고 취사를 누르면 맛있는 약식빵이 된다. 보통 취사는 2번에서 4번 정도 반복해주는데 상태를 봐가며 취향대로 하면 된다.

나중에 안 사실이지만 이걸 원래 오키나와 빵이라고도 하고 서양식으로 약식브레드라고도 한단다. 나는 편하게 약식빵이라고 부른다.

오삼 불고기

 활동가의 삶이 어찌 보면 자유로워 보여도 사실 많은 굴레들이 있다. 특히나 가족 관계를 잘 유지한다는 게 유난히 어려운 일이 된다.

 공룡을 처음 만들 때 우리는 이런 고민을 했다. 과연 언제까지 활동가로 살 수 있을까? 이런 고민에서도 가장 많이 걸리는 것이 부모님 문제였다.

 나도 그렇고 혜린이나 종민의 공통점은 집안에서 장남이거나 장녀라는 것이다. 그래서 언젠가는 부모님을 모시고 살아야 한다는 어떤 의무감이 있었더랬다. 그래서 고민하다가 찾은 해답이 바로 나중에 부모님 모시는 문제도 함께 풀어보자는 것이었다.

 물론 쉽지는 않겠지만 말이다. 나중에 부모님들이 거동이 불편해지면 공룡 근처에 농가주택을 얻어서 함께 사시도록 하면서 모시는 일은 우리끼리 번갈아 가며 하면 되지 싶었다.

지금 생각으로는 부모님을 농가주택에 편히 모실 수 있을지 걱정스럽긴 한데, 함께 부모를 모시는 방법을 찾고 서로 의지해보자는 생각은 변함없다.

혜린과 재환이 결혼한 후에 가끔 재환 부모님 즉, 혜린에게는 시댁 식구들이 가끔 공룡에 오신다. 처음에는 공룡들에게 미안하셨는지 커피만 드시고 가던가 아니면 공룡 대신 근처 식당에서 식사를 하시곤 했다. 그런데 문제는 공룡들이 워낙 외식을 안 하다 보니 주변에 괜찮은 음식점이 어딘지를 모른다는 것이다. 추천해드릴 메뉴도 마땅찮았다.

나는 재환을 통해 부모님이 괜찮으시면 공룡에서 식사를 하고 쉬었다 가시면 좋겠다고 이야기를 건넸다. 내가 요리하는 것을 불편해하시면 재환이 요리를 해도 좋으니 말이다. 요리는 내가 미리 가르쳐주면 되니까.

그러던 어느 날 나의 바람대로 재환의 부모님과 재환 형님 내외분이 공룡에서 식사를 하기로 했다. 그때 무슨 요리가 좋을까 궁리 끝에 정한 메뉴가 오삼 불고기다. 가장 평범하면서도 맛있게 먹을 수 있고 다함께 식사하는 자리에 부담을 주지 않는 요리가 아닐까 싶었다.

오삼 불고기는 매운 고추장 소스에 돼지고기를 볶다가 오징어를 함께 넣어 볶아주면 되는데, 조금 특별해 보이고 싶으면 여기다 콩나물을 함께 넣어 볶는다.

술안주로 만들 때는 양배추나 양파, 당근, 버섯처럼 좀 더 다양한 재료들을 넣는 게 좋지만 식사용일 때, 특히 쌈채소에 싸서 먹을 때는 오징어나 삼겹살 같은 주재료를 위주로 맵게 요리하는 게 더 괜찮은 듯하다.

  참고로 다양한 야채를 넣어 볶을 때는 조심할 점이 있다. 야채가 물러지지 않아야 한다는 거다. 너무 오랫동안 볶으면 야채에서 물이 많이 나와 찌개처럼 변해 버린다. 그러니 야채를 익히지 않고 야채에 소스를 묻힌다는 느낌으로 강하고 빠르게 볶아내는 게 안주용 오삼 불고기의 포인트다. 따라서 함께 볶을 야채는 거의 생으로 먹어도 무리없는 것들이면 좋다.

  매콤하게 볶는 식사용 오삼 불고기에서는 요리보다 오히려 쌈채소가 더 중요한 듯도 하다. 이건 보통 프랜차이즈 식당들을 봐도 그런데, 매운 오징어 불고기나 쭈꾸미 볶음요리를 주문하면 여러 쌈채소와 쌈장이 메인처럼 차려지고 오삼 불고기는 사이드 메뉴처럼 등장하는 경우가 많다.

  그날 우리는 둘러앉아 오삼 불고기를 다양한 쌈채소에 싸먹으며 맛난 식사를 했다. 두런두런 이야기를 나누다 보니 처음에 다소 어색하던 분위기도 금세 친근한 분위기로 바뀌었다. 가족이라도 조금씩은 어색할 수 있는데 이렇게 함께 식사를 하고 어울리면서 친숙한 관계들로 발전하는 게 아닌가 싶다.

  그날 이후 재환의 부모님은 공룡에서 식사를 하는 일을 이

전처럼 미안해하거나 어색해하지 않으신다. 이제는 꽤 훌륭한 요리사인 재환은 부모님께 카레나 일본식 불고기 규동 등을 자연스럽게 차려드린다.

함께 준비하고 식사하는 게 자연스러워지는 만큼 나중에 함께 부모님을 모시자는 꿈 같은 얘기에도 차츰 희망이 보이는 것 같다. 음식은 나누면 나눌수록 깊어진다는 말은 사실이다.

2장

너와 나의 무너지지 않는 일상을 위하여

내가 어릴 적 기억들에는 언제나 가난한 집안 사정이 각인되어 있다. 시골 살면서 땅 한 평 갖지 못한 소작농의 삶은 빈곤에서 벗어나기 힘들 수밖에 없었다. 날품팔이가 가능한 동네도 아니어서 어떻게 해서든 남의 땅을 빌리고 땅 주인의 눈치를 보며 먹고살아야 했다. 경제적 수입을 전적으로 농사에 의지하던 시절이라 더 그랬는지도 모르겠다.

그러다 보니 어린 시절 나는 그 흔한 장난감이나 동화책도 바랄 수 없었을 뿐만 아니라 공부에 필요한 학용품도 부족했다. 생각해 보면 가난한 집안 사정에 대한 불만이나 부모에 대한 원망이 많을 법도 한데, 내게는 오히려 즐겁고 행복한 기억이 훨씬 많은 편이다. 어릴 적 그 시절을 떠올리면 신기하고 맛있는 것들을 향한 강한 애정이 솟아나는 까닭이다.

돈이 없어 그 흔한 외식조차 드물었지만 대신 내 기억에는 어머니가 끊임없이 부엌에서 뭔가를 요리하시던 모습이 강렬하게 남아 있다. 이 기억이 평생 잊지 못할 행복감의 원천일지도 모른다고 생각한다.

친구들이 도시에서 뭘 먹고 와서 자랑하는 걸 듣고 집에 와서 말하면 어머니는 며칠 있다가 뚝딱뚝딱 그 요리를 만들어주었다. 그런 요리의 목록은 짜장면처럼 쉬운 요리부터 카스테라처럼 근사한 서양식 제빵까지 다양했다.

비록 가난해서 비싼 고기는 차리지 못해도 우리 집 식탁에는 제철에 나는 다양한 나물과 채소, 가을볕에 말려서 보관한 다양한 건나물, 가을 내내 만들어둔 장아찌 종류의 저장식품까지 없는 게 없었다. 먹는 걸로만 보면 어느 집 부럽지 않게 푸짐했던 우리 집 식탁은, 그때를 비록 가난했지만 충분히 행복한 시절이었다고 떠올리게 해준다.

지금도 경제적으로 풍족하지 않기는 마찬가지다. 그런데 활동가의 삶을 선택한 20대 초반부터 경제적으로 빈곤한 상황에서만 살아오다 보니 이제는 다소 불편하기는 해도 불안하거나 불행하지는 않다.

아마 그 가난하던 시절에 뚝딱뚝딱 맛있는 걸 만들어주시던 어머니가 선물해준 행복한 세계가 지금 나에게도 여전히 힘을 북돋워주기 때문이 아닌가 싶다.

나는 비록 돈이 없어도, 함께 활동하고 살아가는 사람들과 이런저런 요리를 만들어 나누어 먹는 즐거움이 있는 한 내 삶 역시 지속될 수 있다고 강하게 믿는다. 나는 그런 믿음을 부모님의 삶에서 배운 것 같다.
 요리는 내게 삶을 살아가게 하는 가장 큰 행복의 기반인지도 모른다.

물 마리니에르

물 마리니에르, 벨기에 및 남프랑스식 홍합탕이다. 가끔 공룡에서 이 요리를 해먹는다. 겉멋 들었다고 웃을 수 있겠지만, 그러거나 말거나 나는 이름만 들어본 요리도 가끔 해보곤 한다.

그중에서 크림 물 마리니에르, 즉 크림 홍합탕은 즐겨 해먹는다. 이것은 플랑드르 지방에서 많이 먹는다는 홍합탕이다. 나는 당연히 정통 요리를 먹어본 적도 없다. 그래도 상관없이 맛있게 요리해 먹는다.

물 마리니에르는 우리도 럭셔리(?)하고 고급스러운 요리를 즐겨보자는 생각에서 하게 된 요리다. 공룡의 활동가로 살면서 우리가 포기하는 것들이 여럿 있다. 워낙 재정적으로 빈곤하다 보니 활동가들의 활동비도 다른 단체들에 비해 턱없이 적다. 그런 탓에 일상에서의 자잘한 즐거움들을 포기하는 경우가 있을 수밖에.

그럼에도 불구하고 다들 활동가의 삶을 스스로 선택했다. 그렇다면 어떤 식으로든 일상을 좀 다르게 만드는 일은 필수나 다름없다. 주거 문제를 비롯한 다양한 생활상의 문제들을 함께 풀어가면서 근근이 버텨내는 게 그나마 우리의 임시방편인 상황이다.

그럼에도 우리는 먹는 것에 관해서는 과할 정도로 잘 먹으려고 한다. 다른 건 몰라도 먹는 것에서 오는 즐거움, 특히 함께 식사하면서 느끼는 즐거움은 최대한 늘려보자고 마음먹은 까닭이다.

우리가 생활교육공동체 공룡을 처음 만들 때, 공동체라는 이름을 사용하는 것이 일종의 딜레마일 수도 있겠다고 생각했다. 함께 살지도 않고, 공통의 대의를 강제하지도 않으면서 우리가 공동체라는 이름을 붙일 수 있을까? 이런 생각을 했더랬다. 과연 우리는 공동체를 꾸리기 위해 무엇을 함께할 수 있을까?

적어도 의식주 중 한 가지는 함께 해결하는 게 좋겠다고 생각했다. 그런 고민 끝에 일종의 '식사 공동체' 혹은 '먹거리 공동체'라는 것을 구상했다. 함께 음식을 나누는 것이다. 우리는 다른 무엇보다도 맛있는 음식을 즐겁게 먹으며 살아가는 활동가이기를 바랐다.

물 마리니에르, 즉 벨기에식 크림 홍합탕은 결국 신선한 홍합과 화이트 와인의 조화가 관건이다. 홍합이야 평소 워낙 좋아하는 식재료라서 다루는 데 크게 어려움이 없었는데 문제는 화이트 와인이었다. 나는 와인을 즐기지 않는 편이라 레드 와인은 물론이고 화이트 와인은 더더욱 마셔보질 않았던 것이다. 그래서 언제나 와인을 선정하는 일에 어려움을 겪는다.

보통 해물 요리의 팁으로 자주 하는 말이 너무 단맛이 나면 요리를 망친다는 것이다. 내가 평소 사는 요리용 와인은 매장에서 가장 싼 것들이다. 주로 5,000원 선에서 요리용 와인을 고른다. 그런데 이 요리를 할 때는 이보다 조금 비싼 7,000~8,000원대 와인을 고른다. 단맛이 덜한 와인을 고르기 위해서다.

물 마리니에르는 우선 버터를 솥에 녹인 후 마늘과 양파를 넣고 볶는다. 거기에 홍합을 넣어 볶은 후 와인을 넣거나, 아니면 와인부터 넣어서 끓이다가 거품이 일어날 때쯤 홍합을 넣어 끓인다.

홍합이 조금씩 입을 벌릴 때쯤 파슬리와 바질을 넣어 조금 더 끓이다가 크림을 넣어서 마저 끓인다. 그렇게 대충 익었다 싶으면 불을 끄고 소금 후추로 간해서 식탁에 내면 된다.

홍합 육수가 넉넉히 나오게 해서 육수와 바게트 빵을 함께 내놓아도 좋다. 이 국물에 바게트 빵을 찍어 먹으면 맛있다.

물 마리니에르는 조금 색다른 경험을 하고 싶을 때 해먹으면 즐거운 요리다.

아쿠아파자

고등학교에 입학하던 해의 여름이었다. 보통 고추밭 일을 할 때는 항상 누나가 어머니 옆에 나란히 서서 끝도 없는 수다를 나누곤 했는데 그해부터 누나가 집을 떠나고 없었던 관계로 내가 어머니의 대화 상대가 되었다.

어머니의 수다는 동네에 있었던 갖가지 소식에서부터 큰집 험담까지 끝도 없이 이어지는 게 보통이었다. 당시 고등학교 1학년이던 나로서는 이걸 묵묵히 듣기가 여간 힘든 일이 아니었다.

그래서 보통은 "아! 그래요?" 하고 맞장구를 치는데 이조차 피곤하면 한동안 아무 말을 하지 않는 것으로 나름 의사 표현을 했다.

물론 그렇다고 해서 어머니가 말씀을 안 하는 건 아니었다. 오히려 내 맞장구가 한참 없으면 이야기 주제를 나로 돌려 결국은 내가 말을 하게 만드시곤 했다.

그날도 어머니의 이야기가 끝이 없길래 한동안 가만히 있었는데, 갑자기 화제가 나로 바뀌었다.

"영길아! 넌 요즘 무슨 책 읽냐?"
"왜요?"
"나도 책이나 읽어볼까 해서."
"엄마가? 왜?"

대화는 이걸로 끝이었다. 내가 아무 생각없이 되묻는 통에 어머니가 발끈하신 거다.

내가 니 아버지랑 결혼해서 얼마나 고생하며 자식새끼들을 키웠는데로 시작해서, 고생해봤자 자식놈이 알아주지도 않을뿐더러, 부모가 가난하고 무식하다고 온갖 괄시를 해댄다는 말씀을 거의 한 시간 넘도록 하셨다.

결국 내가 몇 번이나 용서를 구하고 나서야 어머니의 신세한탄이 끝났는데, 그럴 때는 또 언제 화가 났었나 싶게 다시 풀리시곤 했다.

"영길아··· 그래서 요즘 뭐 읽냐?"
"요즘 키에르케고르 읽어요, 『죽음에 이르는 병』이라고."
"뭐?"
"아, 그러니까 철학책 읽는다고요."

"그런데 왜 죽는 병이야?"

"죽는 병이 아니라 죽음에 이르는 병…. 그냥… 절망에 대한 책이에요."

"너 요즘 힘드냐? 집이 요모양 요꼴이라 쪽팔리냐? 응? 그래서 힘들어?"

"아, 뭔소리야…. 그냥 읽는 책이라고요."

"에휴, 가난이 웬수지… 에휴…."

"그런 거 아니라니까…. 그냥 누구나 다 읽는 책이야, 내 나이 땐… 엄마도 참 내."

"그러니까 이놈아. 가난한 집 자식이 쓸데없이 자존심만 세면 겉멋에 빠져 사는겨. 알어?"

조개찜이 그렇다. 조개찜 만드는 법은 그냥 조개를 푹 삶는 게 다다. 만드는 법에 전혀 특별할 게 없지만 엄청 맛있다. 내가 가장 좋아하는 조개찜 요리는 여기에 청양고추를 한 개 정도만 넣어서 삶듯이 쪄내는 조개찜이다.

그런데 물론 이렇게만 먹어도 맛있지만 손님 대접용으로는 조금 밋밋하달까? 이왕 요리를 했으면 뽐내고 싶은 게 사람 마음인데 뭔가 아쉽달까? 어머니 말씀대로 그것이 겉멋이고 쓸데없는 짓이라도 말이다. 그래서 괜히 겉멋을 부리고 싶을 때면 이 간단한 조개찜을 엄청난 요리로 부풀려서 해보곤 한다.

아쿠아파자라는 이탈리아 요리가 있다. 농어를 껍질째 토막내어 기름에 튀긴 후에 조개와 토마토, 올리브오일 등을 넣어 자작하게 쪄내는 요리다. 그런데 우리나라에서는 농어를 구하기 쉽지 않다. 농어가 없을 땐 그냥 흰살 생선을 아무거나 골라서 요리해도 된다.

흰살 생선을 껍질이 붙어 있는 상태에서 토막낸 후 찹쌀가루를 입혀서 튀긴다. 이것을 은박 호일에다 담고 여기에 조개와 자른 토마토를 넣은 후 올리브오일과 바질 등등을 넣어서 쪄내면 맛있는 이탈리아식 해물찜, 아쿠아파자가 완성된다.

한편 와인이 들어가는 남유럽식 해물찜도 있다. 은박 호일에 흰살 생선을 튀겨서 넣고, 조개랑 새우랑 꽃게 등을 넣은 후 바질, 올리브오일, 버터 조금, 통후추 등을 넣는다. 그런 후에 마지막으로 화이트 와인을 넣은 후 푹 찌면 남유럽식 해물찜이 된다.

아쿠아파자 혹은 남유럽식 해물찜이라고 하면 사람들이 엄청난 것처럼 생각하지만 실은 그냥 조개찜이다.

조개찜은 요리법을 변형하기가 무척 쉬운 요리다. 이 요리들의 기본 맛은 조개 육수 맛이다. 거기에 튀긴 생선 등을 넣어서 먹는다고 보면 된다. 이렇게 생선이 들어가는 조개찜은 요리법과 재료를 변용하기 쉬운 편이다.

민물고기 중에 메기처럼 비린내가 강한 생선도 미리 소금과 후추, 마늘과 고춧가루 등을 뿌려서 재워두었다가 튀겨내면 독특한 맛이 있다.

생선을 튀겨서 넣는 까닭은 조개를 찔 때 생선살이 바스러지지 않게 하면서 한편으로는 생선의 강한 맛이 조개 육수에 배지 않도록 미리 코팅을 해두는 것이다. 보통 흰살 생선을 쓰는 이유도 생선 향이 강하지 않아서 조개 육수 맛을 지키기 쉬워서다. 그러니 조개찜에 튀긴 생선을 찍어 먹는 요리로 생각해도 좋다.

한 번도 가본 적 없는 곳의 요리, 심지어 먹어본 적도 없는 요리를 자꾸 해보는 이유가 뭘까. 꼭 먹어보고 싶어서 하는 것도 아니고, 심지어 나는 순수하게 조개만 넣어 찌는 조개찜을 가장 좋아하는데도 말이다. 나는 왜 자꾸만 듣도 보도 못한 요리를 만드는 걸까? 스스로 이렇게 물어본 적이 있다.

결국 어머니 말씀이 맞는 것 같다. 겉멋이 든 것 같다. 가본 적도 없고 먹어본 적도 없지만 스스로 대단하다고 느끼고픈 허세랄까? 온통 겉멋에 빠져 사는 건 아닌지 모르겠다.

토르텔리니

이탈리아 볼로냐에 간 적이 있다. 협동조합의 도시니, 좌파의 도시니, 대학의 도시니 하지만 나에게는 제대로 된 정통 이탈리아식 토르텔리니를 먹어보겠다는 생각이 최우선이었다. 볼로냐는 음식의 도시이자 이탈리아의 맛의 수도로 유명하니 말이다.

그전에 로마의 식당에서도 토르텔리니가 보였지만 볼로냐에서 먹겠다는 일념으로 꾹 참았던 터라, 나는 마침내 볼로냐의 토르텔리니 식당에 들어가는 순간에는 엄청 기대에 부풀어 있었다.

토르텔리니는 볼로냐에서 만드는 만두형 파스타다. 엄지손톱만 하게 빚어 만드는 귀여운 토르텔리니는 비너스의 배꼽 모양을 본따 만들었다고도 한다. 작은 만두라고 생각하면 된다.

전통적으로 볼로냐에서는 토르텔리니를 뜨거운 고기 육수

에 삶아 성탄절이나 새해, 부활절 등에 먹는다. 토르텔리니는 16세기에 이미 볼로냐의 유명한 음식으로 평판이 나 있었다고 한다. 이 만두형 파스타에는 두 가지 종류가 있다.

우리 식으로 치면 고기 만두와 치즈 만두랄까? 재미있는 건 고기 만두는 뜨끈한 고기 육수에, 치즈 만두는 뜨끈한 크림 스프에 나온다. 그래서 맛있기는 한데 다소 부담스러운 느낌도 든다. 우리나라였으면 고기 만두는 크림 스프에, 치즈 만두는 고기 육수에 나왔을 것 같다. 여튼 간만에 만둣국을 먹는 기분이어서 좋기는 좋았다.

그러고 보면 정통이라는 요리들도 결국 각 동네에 흔한 재료들로 대충 만들다보니 정통이 된 게 아닐까 싶다.

이탈리아는 동네마다 지역 고유의 치즈와 수제햄 등이 풍성하고 또한 농네마다 선통 와인들이 있다. 그런 마딩이니 결국 자기 지역의 식재료로 만들던 음식이 퍼져나가면서 어느 순간 전 세계적 유행을 선도하는 음식의 기반이 됐을 것이다.

결국 이탈리아에 가서 현지 음식을 먹어 보고 느낀 것은, 요리를 할 때 정통 방식이라는 것을 너무 의식하지 말고 있는 재료들을 써서 자신이 할 수 있는 요리법으로 만들면 된다는 것이다. 굳이 어딘가의 혹은 누구의 정통 방식을 따라하지 않아도 충분히 맛있게 만들 수 있다.

우리가 부러워해야 하는 건 요리 비법도 아니고 세계적인 메뉴들도 아니다. 그것을 가능케 한 자산들 즉, 동네 치즈, 동네 와인, 동네 수제햄 같은 자산이 소중한 것이다. 그리고 이런 것들을 자연스럽게 식생활의 중심에 두고 살아가는 그 지역 사람들의 일상이 바로 우리가 부러워하고 본받아야 하는 지점이 아닌가 싶다.

이탈리아에서 돌아와 아는 친구들을 불러서 토르텔리니를 대접했다. 그날 온 지인 중에는 가장 열렬한 면 요리 숭배자인 땡땡책협동조합 사무국 기호철 샘도 있었다.

기호철 샘은 때로는 공룡 농사일꾼으로 생각될 만큼 공룡에 일손이 부족할 때마다 기꺼이 찾아와 도와주곤 했다. 그래서 이런 자리에는 꼭 초대해 함께해야 할 것 같은 사람이다. 공룡 소속은 아니지만 참 공룡 같아 보이는 사람이라서.

내게 강렬하게 심어진 호철 샘의 모습이 있다. 바로 타코야키를 만들던 모습이다. 나는 타코야키를 일본 최고의 음식이라고 여길 만큼 편파적으로 좋아하는데, 바로 이 타코야키를 일본 현지에서 맛본 그 어떤 유명 타코야키보다 맛있게 잘 만드는 사람이 호철 샘이다. 호철 샘은 내게 타코야키 명인인 셈이다.

타코야키 명인이자 면 요리 숭배자인 호철 샘과 지인들을 초대하고서 드디어 토르텔리니를 만들었다. 내가 외국 요리를 현지에 가서 먹어본 다음 해보는 최초의 요리였다.

재료는 이탈리아에서 돌아올 때 일부러 이날을 위해서 건 조면이 아닌 생면 그러니까 생만두를 사왔다. 고기 만두 반에 치즈 만두 반으로.

요리법은 이곳이 한국이니까 당연히 한국식으로. 우선은 가장 중요한 게 고기 육수인데, 이건 진짜로 소고기 뭇국이나 다름없다. 정통 이탈리아 토르텔리니 육수를 맛보며 나도 모르게 튀어나온 말이 "뭐야? 이건 소고기 뭇국이잖아?"였으니 말이다.

그러니 육수는 소고기 뭇국를 요리할 때와 똑같이 만들고, 여기에 두 가지 맛을 동시에 즐길 수 있도록 고기 만두와 치즈 만두를 넣었다.

그래서 결과는? 당연히 다들 신기해하며 맛있게 먹었다. 이게 볼로냐식 토르텔리니냐고? 그저 만두가 들어간 소고기 뭇국이라도 해도 좋다.

크림 파스타

　승영이는 딸부잣집 첫째다. 승영이가 중학생일 때 처음 만났는데, 뭐든 동생들에게 양보하는 게 습관이 된 탓인지 자기주장을 하는 일도 없고 항상 조용한 아이였다. 그런 승영이가 어느 날 전화를 했다. 울먹이는 목소리가 심각해 보였다.
　승영이는 학교 졸업 후에 취업해서 가계에 보탬이 되라는 부모님 때문에 고민 중이었다. 승영이는 딱 한 번만이라도 자기가 하고픈 일을 해보고 싶다고 했다. 당연히 나는 그런 승영이의 의견에 적극 동의했다.
　승영이는 일본 요리 주방장이 되고 싶다고 했다. 요리를 즐거워하지도 않고 일본요리를 먹어본 적도 없었지만 말이다. 그런데 우연한 기회로 일본에 취업비자를 얻어서 호텔 서빙 및 주방보조 자리를 얻었던 모양이다. 승영이는 어떻게 해서든 일본에 가서 집에서 떨어져 혼자 살면서 생소하긴 해도 요리를 배워 직업으로 삼고 싶다고 했다.

나는 승영이 어머니를 만나 승영이가 저토록 소원하는 걸 한번 들어주는 게 어떻겠냐고 말씀드렸고, 결국 어렵게 허락이 떨어졌다. 마침내 일본으로 떠나게 된 승영이를 그냥 보내기가 아쉽고 해주고픈 이야기도 있어서 공룡으로 초대했다. 그리고 크림 파스타를 해주기로 했다.

요리로 크림 파스타를 고른 까닭이 있다. 승영이가 입버릇처럼 자신은 크림 파스타가 느끼해서 싫다고 말하던 게 떠올랐다. 그래서 오히려 특별한 크림 파스타를 해주고 싶었다. 나도 정통 크림 파스타를 사먹어 본 적이 없는 터라 제대로 된 맛을 잘 몰랐지만, 승영이가 좋아할 수 있도록 만들 자신은 있었다.

땅콩을 으깨서 가루로 만들고, 청양고추 두 개를 다진 후 채 썬 오징어와 새우를 준비한다. 우선 마늘을 올리브유에 살짝 볶은 후 양파와 표고버섯을 같이 넣어 볶는다. 준비한 채 썬 오징어와 새우를 넣고 볶다가 생크림을 넣어 끓인다. 다음으로 땅콩 가루와 다진 청양고추를 넣고 나서 삶아 놓은 파스타 면을 넣으면 내 방식의 크림 파스타가 된다. 승영이가 좋아하는 고소한 맛과 살짝 매콤한 맛을 가미한 크림 파스타다.

"어때? 안 느끼하지?"

"신기해요. 전혀 느끼하지 않고, 고소하고, 살짝 매콤하니 좋아요."

"그렇다니까… 널리 알려진 요리라는 게 대개 레시피가 뻔하고, 그렇다 보니 누구나 만들 수 있거든. 그런데 알려진 레시피대로 만들다 보면 누구나 먹어본 그렇고 그런 파스타가 되지. 네가 싫어하는 그런 느끼한 파스타.

너도 앞으로 누구나 할 수 있는 걸 하게 될지도 몰라. 누구나 가는 그런 길로 말이야. 하지만 조금만 너에게 신경 쓰고 배려하면 좀 더 특별한 너만의 파스타를 만들 수 있지 않을까. 내가 맵고 고소한 맛을 좋아하는 너를 위해 청양고추와 땅콩을 넣었듯이 너도 조금은 너만을 위해 특별한 도전을 해도 좋을 것 같아.

그러니까 일본 가서 너무 아등바등 요리에 매달리지 말고 그냥 여행하듯 네가 하고픈 걸 하면서 맘대로 살아봐."

공연한 소리인 줄 알면서도 떠나는 승영이에게 이런 소리를 했더랬다.

나는 솔직히 파스타가 특별한 음식이라고 생각하지 않는다. 파스타를 만들 때 라면보다 더 건성으로 만들 때가 많다. 자주 먹는 요리가 아니다보니 조금만 레시피를 바꾸어도 특별해 보이기 때문이다. 그에 비해 라면은 워낙 자주 먹는 음식이라 좀 특별하게 만들려면 훨씬 공을 들여야 한다.

아이들이 외국으로 여행이나 공부를 하러 갈 때마다 비슷비슷한 조언을 하게 된다. 너를 특별하게 만드는 꽤 좋은 경험이 될 거라고 말이다. 하지만 정말로 특별해지기 위해서는 무엇보다 일상을 바꿔야 하는 게 아닐까?

첫째 딸이라는 이유로 희생을 강요당하는 상황에 맞서서 과감히 가족 울타리를 벗어나는 용기. 무엇보다 그 용기가 승영이에게 특별함을 줄 거라는 말을 하고 싶었는데, 내 속마음이 얼마나 잘 전달되었는지 모르겠다.

승영이는 2년 동안 일본 호텔에서 주방보조로 일했지만 끝내 일본요리를 잘하지 못했다. 그리고 한국에 돌아와 알바를 하며 지내다가 지금의 단짝을 만나 아이를 낳고 키우며 살고 있다. 여전히 가족이 가장 소중하다는 믿음을 갖고.

그럼 나는? 크림 파스타 따위는 내 맘대로 대충내충 만들어 먹으며 사는 거다.

어향동구

 사람은 누구나 자신이 집중하는 부분이 있다. 일할 때 전체의 조화를 살피는 게 좋다지만 그게 어디 쉬운가. 그래서 나는 전체를 조화롭게 볼 수 없다면 자기가 잘하는 부분에 집중하는 게 좋은 결과로 이어진다고 생각한다. 오히려 전체의 조화를 강조하는 것이 이도 저도 아닌 결과를 낳는 수가 많다고 생각한다.
 실제 활동에서도 그렇다. 어떤 이가 자신이 전체를 조화롭게 아우른다고 여기는 경우에 이럴 수가 있다. 그것이 누군가에게 끊임없는 열패감을 주거나 약자일 수밖에 없는 사람에게 폭력으로 작용하는 것이다. 그런 걸 보면 역시 각자가 집중해야 할 부분에 집중하는 게 낫겠다는 생각이 든다.

 처음 어향 소스를 만들 때 아무리 노력해도 이 미묘한 물고기향을 낸다는 게 생각보다 어려웠다. 굴 소스도 나름 자신만의 향이 있는 편인데 어향 소스를 내는 주된 소스인 해선장은 그것보다 더 강한 향을 낸다.

하지만 막상 마늘과 매운 청양고추를 다져서 볶은 후에 양파나 피망 등을 넣어 볶다 보면 어향을 우러나게 하기가 쉽지 않다는 걸 알게 된다. 다른 중국요리 소스가 더 필요한가 싶어 이런저런 도전을 해봤지만 결과가 썩 좋지는 않았다.

그래서 나는 결국 어향 소스를 잘 만들려고 노력하기보다는 본 요리의 식감을 살리는 데 집중하기로 했다. 식감을 살려서 요리하기 가장 좋은 건 역시 표고버섯이다. 원래는 말린 표고버섯을 치킨육수에 불려서 사용하면 훨씬 진하고 고소한 맛이 난다지만 나는 그냥 물에 불려서 표고버섯 꼭지만 제거한 후 사용한다.

돼지고기와 생새우를 다져서 섞은 후에 계란 흰자만 넣는다. 그리고 감자 전분을 물에 풀어서 가라앉힌 후에 물은 버리고 가라앉은 전분만 넣어서 섞으면 찰진 속이 되는데, 이걸 표고버섯에 얹은 후에 찜솥에 넣고 쪄낸다. 이렇게 쪄낸 표고버섯에 어향 소스를 끼얹으면 어향동구가 완성된다.

내게는 향보다 식감에 집중해 만들게 되는 요리다. 나의 바람은 엄청난 셰프가 되는 게 아니라 그저 누군가에게 괜찮은 한 끼를 대접하는 거니까.

돼지고기 부추 숙주 볶음

 나는 요리를 직접 먹는 것보다 누군가에게 해먹이는 걸 좋아한다. 아마도 고등학교 때부터 오랫동안 혼자 자취를 한 탓인지도 모르겠다. 처음엔 혼자서 이것저것 해먹었는데 어느 순간 혼자서 밥을 하고 요리를 해먹기가 귀찮아졌다. 게다가 시간과 돈도 많이 들어서 혼자서는 잘 해먹지 않게 되었다. 그러면서 남을 위해 요리를 만들기 시작했는데 덕분에 요리의 종류가 더 풍성해진 듯하다.

 공룡의 여성 활동가들을 자주 괴롭히는 것이 생리통이다. 워낙 사회 단체 일의 패턴이 불규칙한데, 그런 일을 몇 년 이상 하다 보니 생활 리듬이 망가지는 경우가 많다. 그러다 생리 통증이 더 심해지는 일도 빈번하여 뭔가 도움이 될 방법이 없을까 고민을 하게 됐다.
 여성 활동가를 위해 요리를 하기로 하고 나름 고민해서 선택한 재료가 부추와 돼지고기다. 돼지고기에다 피를 맑게 하고 혈액순환을 도와준다는 부추를 많이 넣으면 버티는 데 도움이 되지 않을까 싶었다. 그렇게 만든 요리가 돼지고기 부추 숙주 볶음이다.

돼지고기는 간장 베이스로 좀 달달하게 프라이팬에 굽는다. 그리고 요리의 핵심인 야채를 별도로 볶아 접시에서 함께 내면 완성이다.
이 요리의 포인트는 야채를 볶을 때 기름을 사용하지 않는 것이다. 양파 반쪽을 채 썰어서 먼저 볶다가 숙주나물을 넣어서 볶는다. 이때 양파랑 숙주에서 약간의 국물이 나오게 되는데 여기에 마지막으로 부추 썬 것을 넣어서 살짝 순이 죽을 정도로만 볶아준다. 간은 소금과 후추로만 하면 된다. 이것을 접시에 깔고 그 위에 돼지고기 구운 것을 올려서 내면 된다.

이 요리가 정말 통증을 줄이고 힘을 돋우는 데 도움이 된다고는 장담하지 못하겠다. 그저 마음만 전달하고 있는지도 모른다.

애호박찜

 우리는 쓸모없어 보이는 것들은 과감히 버려야 한다는 강박을 갖고 있는 듯하다. 하물며 어떤 건 아직 쓸 만한 것 같아서 보관하려고 해도 주변에서 어서 버리라고 닦달을 한다. 지난 것들, 쓸모없어 보이는 것들은 과감히 버리고 쿨하고 멋지게 살라면서 조언 아닌 조언을 한다.

 이건 사람 관계에 있어서도 마찬가지다. 있어 보이는 사람, 쓸모가 있는 사람을 사귀고, 질척거리고 그닥 쓸모없어 보이는 관계들은 정리하라는 말을 듣다 보면 순간순간 나도 그런 쓸모를 잃지 않기 위해 노력해야 한다는 강박이 몸에 배게 된다.

 요리도 그렇다. 새로운 냄비나 멋진 프라이팬이 요리를 폼나게 해주는 것 같다. 그래서 새로운 조리 도구에 대한 욕심을 버리기가 쉽지 않다. 하지만 막상 요리를 하다 보면 거리낌 없이 마구 쓸 요리 도구가 필요할 때도 있다.

나는 가끔 더 이상 못 쓸 것 같은 요리 도구를 꺼내 나름 쓸모를 찾아내곤 한다. 아주 오래된 냄비, 혹은 여기저기 너무 태워 먹은 냄비들 말이다.

원래 애호박찜은 애호박을 반으로 갈라서 찐 후에 살짝 매콤한 간장 소스를 끼얹고 깻잎을 채 썰어 얹어 내면 되는 요리다. 주로 채식 위주로 가벼운 식사를 하는 분들을 위해 준비하곤 한다. 하지만 이 평범해 보이는 요리를 좀 더 맛있게 하려면 저 '쓸모없는 것'들이 필요하다. 애호박찜에 풍미를 더하는 요령이란 바로 살짝 냄비를 태우는 것이다.

냄비에 물을 조금 넣은 후 약한 불에서 찌다 보면 냄비가 살짝 타게 되는데 이때 물을 살짝 부어서 탄내가 애호박에 배게 하면 훨씬 맛나 풍미를 낸다. 물론 냄비를 태운다고 혼나기 십상이지만 말이다.

그래서 평소에 너무 오래 써서 버려야 할 것 같은 냄비를 하나쯤은 갖고 있는 편이 좋다. 새 냄비를 태우는 건 왠지 미안한 일이니 말이다.

짬뽕

 짬뽕은 가장 흔히 먹는 대중요리 중 하나다. 어느 동네에서 먹든 가장 무난한 요리가 아마 짬뽕이 아닐까 싶다. '대중적'이라는 말이, 사람들이 많이 먹기도 하지만 어느 동네나 비슷한 맛이라는 이야기도 된다. 최근 들어서는 이런 경향이 더 심해지는 것 같다. 일단 짬뽕에 푸짐한 해물, 특히 홍합이 잔뜩 들어가면서 땀이 뻘뻘 날 정도로 매우면 다들 맛있다고 인정해주는 분위기다.

 우리 동네만 해도 예전에는 집집마다 짬뽕 맛이 다르거나 해산물 짬뽕 말고도 다양한 짬뽕이 있었는데 지금은 그렇지 않다. 이제는 좀 괜찮다는 짬뽕 집들을 가봐도 다 거기서 거기다. 가장 대중적인 짬뽕 맛이 다른 짬뽕 맛들을 다 없애버리는 형국이랄까?

 지금처럼 해산물이 풍부하게 유통되지 않았던 예전에는 각 동네마다 가장 흔한 재료로 요리를 했었다고 한다. 그런데 내가 살았던 동네는 바다를 접하지 않은, 그래서 해산물이 드문 동네다. 그러니 당연히 짬뽕도 해산물이 들어가지 않은 짬뽕이었다. 하지만 이제는 해산물 없는 짬뽕은 동네에서 찾아볼 수가 없게 됐다.

보통 해산물 없이 만드는 짬뽕은 돼지고기를 이용해서 국물 맛을 잡는다. 다진 돼지고기를 고춧가루에 볶은 후에 양파와 배추를 넣어 함께 살짝 볶은 후, 육수를 넣고 끓이면 된다.

육수로 사골 육수를 넣는 집도 있다지만 그렇게 하기엔 너무 과한 요리가 되어서 나는 사골 육수를 쓰진 않는다. 대신 돼지고기를 볶을 때 진한 돼지고기 육수가 우러나도록 하고, 배추 등의 야채를 많이 넣어서 국물 맛을 시원하게 만드는 게 포인트다. 돼지고기의 진한 맛에 야채의 시원한 맛. 이게 우리 동네의 흔한 짬뽕 맛이었던 것 같다.

이런 짬뽕집이 이제는 거의 사라졌다. 아직도 보은이나 김제 같은 동네에 가면 이런 집이 몇몇 남아 있는데 아마도 곧 사라지지 않을까 싶다.

보통 해물을 이용한 짬뽕을 만들 때도 결국은 소위 불맛이 중요한 포인트다. 돼지고기를 볶는 단계에서 대신 홍합과 오징어 등의 해산물을 매운 고춧가루와 함께 볶으면 된다. 결국 센 불로 돼지고기나 해산물에 불맛을 입혀서 그 독특한 매운맛을 잡아내는 게 포인트다.

돼지족발

 우리는 시골이 더 이상 시골이 아닌 시대에 사는지도 모른다. 이제 웬만한 시골에는 다 포장도로가 깔리면서 주유소나 편의점 등이 생겼고, 읍내로 조금만 나가면 도시에서나 사용하는 물건들이 널려 있다.
 동네 한가운데로 4차선 고속화도로가 깔리면서 양쪽으로 나뉜 내 고향 동네만 해도 이제는 시골이라기보다 도시 변두리 같은 느낌으로 변해버렸다. 풍경만 그런게 아니라 살아가는 모습 자체도 상당 부분 도시화되어버렸다. 농사일하며 먹는 새참이나 점심도 요즘은 식당에서 배달시켜 먹는다. 이밖에도 많은 것들이 도시와 비슷해졌다.
 특히, 낮 동안 힘든 농사일을 마치고 저녁에 이웃이나 가족들이 한자리에 모여 먹던 다양한 먹거리도 이젠 달라졌다. 예전에 해먹던 다양한 음식 대신 그 자리를 차지한 것은 족발이나 치킨이나 피자 같은 배달음식이다. 상황이 이렇다 보니 시골이라도 먹는 것이 도시와 똑같아진 셈이다. 아니 더 나아가 전국의 음식 맛이 죄다 똑같아지는 것 같다. 아쉬운 일이다.

초등학생 때 우리 집은 시골 동네 정육점을 했었다. 그 덕분에 아주 특별한(?) 족발을 먹곤 했다.

아버지가 돼지를 잡아 오시는 날 온갖 돼지 부속이나 족발을 손질하는 건 언제나 가족들의 몫이었다. 그 일이 힘들긴 했어도 덕분에 가난한 우리 집 형편에 여러 돼지 부속들을 이렇게 저렇게 요리해서 먹을 수 있다는 것이 다른 집에선 상상할 수 없을 정도의 호사였다. 돼지족발 요리가 딱 그랬다.

내가 살던 시골 동네는 '산너머 동네'로 불릴 만큼 교통이 불편해서 외부와 단절된 곳이었다. 이런 외진 동네다 보니 족발에 나름 특징이 있었다.

우리가 도시에서 먹는 족발은 갈색을 띤 양념맛이 강한 족발이다. 하지만 당시 우리 집 족발은 그야말로 순수한 족발이었다.

토치로 족발의 털을 제거하고, 미처 제거하지 못한 털들은 면도기로 깨끗하게 손질한다. 그러고서는 나물과 황기 등을 넣고 한참을 푹 삶아준다. 살과 뼈가 쉽게 떨어질 정도로 야들야들해지면 채반에 건져서 서늘한 곳에 식힌다. 그렇게 열기가 빠지고 나면 굵은 소금과 함께 내놓는다. 이것이 당시 우리가 해먹던 방식의 족발이다.

그저 삶을 때 돼지 특유의 냄새를 제거하는 게 다인데, 지금 사람들은 그걸 어떻게 먹나 싶겠지만 생각보다 맛있다. 지금처럼 자극적인 맛은 없지만 담백하고 쫄깃한 식감의 하얀 족발은 우리 집에서만 해먹던 별미였다.

물론 나도 이제는 강한 양념맛의 족발을 요리한다. 더 이상 족발을 담백한 맛으로 먹는 사람도 없을뿐더러, 심심한 시골 음식을 찾는 사람도 없기 때문이다. 나 또한 사람들이 무난하게 좋아하는 방식으로 요리하는 데 익숙해져 가는 이유도 있다.

우선 손질된 족발을 사서 월계수 잎을 넣고 한소끔 끓인 뒤 국물을 버리고 다시 깨끗한 물에 넣어 끓인다. 이렇게 새로 끓일 때 간장과 설탕을 넣고, 양파, 사과, 대파, 황기, 감초, 마늘, 대추, 통후추 등을 넣어 푹 삶아주면 된다. 이때 배달시켜 먹는 족발 같은 색깔을 내려면 캐러멜 소스를 잔뜩 넣는다.

물론 강한 맛의 족발도 때에 따라서는 훌륭한 요리가 되기도 한다. 2014년에 난생 처음으로 해외여행을 갔었다. 그때 오사카의 가마가사키에 있는 NDS라는 일본 다큐멘터리 활동가 그룹의 사무실에서 숙식을 해결했다.

이 가마가사키라는 동네는 일본에서 일용직 노동자들과

노숙인들이 가장 많이 몰려 있는 곳이다. 이곳에는 재일조선인들도 많은데 대개 1인 가족으로 살아가는 빈곤층들이다. 이곳에 가면 아주 싼 값으로 술과 안주를 맛볼 수 있는 작은 술집이 있다.

재일조선인 할머니가 요리하는 이 술집의 안주는 모두 일본에서 잘 먹지 않는 돼지 부속이다. 곱창과 간과 허파, 족발 등등. 특이한 건 여기서 파는 족발은 우리가 흔히 먹는 차가운 족발이 아니라 데워서 주는 따끈한 족발이라는 점이다.

따끈한 족발은 우리가 흔히 먹는 족발처럼 삶아두었다가 손님에게 내기 직전 일본식 간장에 생강을 많이 넣어 끓여낸다. 다소 단맛이 강하긴 해도 생강 때문에 상큼한 맛이 나는 맛있는 족발 요리다.

우리나라에서두 미니 족발 같은 걸 시디가 일본식 간장에 생강을 잔뜩 넣어서 끓여 먹으면 비슷한 맛의 따끈따끈한 족발을 맛볼 수 있다.

이왕 먹는 족발이면 죄다 똑같은 맛 말고, 좀더 다양한 맛으로 즐겨보는 게 어떨까.

아게다시도후

 요리할 때 대개는 혼자서 하는 편인데 튀김요리를 할 때만은 누군가에게 도움을 부탁한다. 튀김요리는 둘이서 하면 훨씬 편하고 여유롭게 요리할 수 있다.

 예전에 공룡에 호소야라는 일본 문화예술 활동가가 온 적이 있었다. 호소야는 도쿄에 살면서 다양한 미술관련 전시활동이나 퍼포먼스를 진행하는 친구였다. 그는 일본과 한국의 아나키스트들이나 문화예술 활동가들과 교류하고 있었다. 호소야와 공룡들이 친해진 계기는 용산참사 때 문화예술 연대행동의 일환으로 설해와 재환과 함께 작은 공연을 하면서부터였다. 그는 지금은 센다이 미디어센터의 전시 및 퍼포먼스 코디네이터로 후쿠시마 원전 사태와 관련된 일들을 하며 활발히 활동하고 있다.

 그가 어느 날 공룡이 궁금하다면서 놀러 왔다. 이때가 아마도 처음으로 일본 친구에게 일본 요리를 해준 날이었다.

원래는 일본 친구들에게 한국 요리를 해주는 편이다. 호소야에게도 처음에는 한국 요리 위주로 밥을 차려줬는데 며칠 동안 계속 한국 요리만 해먹었더니 조금 다른 걸 먹고 싶었다. 한편 내가 하는 일본 요리가 진짜 일본 요리일까 궁금증이 생기기도 해서, 이참에 의견도 물을 겸 시도해봤다.

그때 만든 요리가 아게다시도후였다. 한마디로 소스에 담가 먹는 두부튀김 요리다.

원래 이 요리는 공룡의 거점 공간인 '마을카페 이따'를 본격적으로 술집처럼 운영해보자고 논의할 때, 만들기 쉽고도 독특한 안주를 찾다가 시도한 메뉴다. 내가 밤에 출근하고 없어도 누구나 할 수 있는 요리가 필요했던 것이다. 그래서 공룡의 대부분이 이 요리를 할 줄 안다.

먼저 두부를 깍뚝썰기해서 키친타월로 물기를 뺀 후에 살짝 소금 간을 해둔다. 여기에 찹쌀가루를 묻힌 후 튀겨내면 된다.

그날은 영은이에게 두부 튀기는 것을 맡기고 나는 소스를 준비했다. 우선 무를 갈고, 쪽파를 다진다. 일본식 간장이 없으면 우리나라 진간장에 물 조금과 요리술 한 숟가락, 설탕 조금을 넣는다. 그러면 소스 준비는 끝.

이제 튀긴 두부를 접시에 올리고 그 위에 갈아놓은 무를 얹고 쪽파를 고명처럼 얹은 후 접시 주변으로 두부가 반보다 조금 덜 잠길 만큼 간장 소스를 부어주면 완성.

호소야에게 요리를 품평해달라고 했더니 재미있게도 이건 일본에서 먹어본 아게다시도후랑 다르다는 답변을 들었다. 그런데 다행히도 일본에서 먹어본 아게다시도후보다 맛있다고 했다. 당황스러운 건 호소야가 요리법을 너무 궁금해했다는 것. 그날의 깨달음은 나의 일식 요리는 결국 '내 식대로의 일식 요리'일 뿐이라는 점이었다.

아마 맛이 좀 독특했던 이유는 찹쌀가루 때문일 것이다. 보통은 아게다시도후에 전분가루를 많이 사용하는데 나는 찹쌀가루를 사용한다. 찹쌀가루가 튀겼을 때 훨씬 바삭거리는 식감을 주기 때문이다.

아게다시도후를 만들 때처럼, 마파두부를 할 때도 두부 튀김은 영은이나 재환에게 부탁하고 나는 마파두부 소스를 만드는 식으로 분업한다. 고로케를 만들 때도 내가 반죽을 하면 재환이 고로케를 튀긴다. 먹을 때뿐만 아니라 요리할 때도 '함께'인 게 좋은 법이다.

3장

뜨끈한 양식, 뜨거운 연대

묵밥과 연잎밥

우리 집은 한 해도 거르지 않고 묵을 쑨다. 어렸을 때부터 아버지를 비롯한 온 가족이 동네 산을 다니며 도토리를 주워 오면 어머니는 그걸 잘 말려서 가루로 빻은 다음 그때그때 필요한 만큼 묵을 쑤었다.

웃긴 것은 보통은 한 여름에 시원한 묵밥을 만들어 먹지만 우리 십은 겨울 내내 묵을 먹었다는 것이다. 농사가 없는 겨울에 맘 편히 먹을 만한 것들이 부족한 탓이었다. 우리 집의 경우 도토리묵은 여름 별미가 아니라 온 가족이 동원돼 비축하는 겨울 식량이었다. 그렇게 한겨울을 보내면 따스한 봄이 왔다.

그런 탓에 시원한 묵밥보다는 따끈한 묵밥이 익숙하다. 따끈한 육수에 편으로 썬 묵을 넣고 그 위에 송송 다져 볶은 김치를 올리고 김가루를 올려 먹는 묵밥은 내 경우에는 겨울에 즐기는 맛있는 양식이다.

처음 공룡들과 한진중공업 노동자들의 2차 희망버스를 타기로 이야기한 후, 우리는 과연 어떤 방식으로 연대할 수 있을까를 고민했다.

공룡은 처음부터 희망버스 기획단에 참여하지는 않았고, 이후에 자발적으로 참여하기로 한 터라 단순 참여 이상의 액션을 준비하면 좋겠다는 고민이 생긴 것이다. 그것이 공룡의 안내로 함께 출발하게 된 지역민들과도 함께할 수 있는 액션이면 좋겠다고 생각했다. 그래서 고민 끝에 준비하게 된 것이 묵밥과 연잎밥이었다. 이름도 거창하게 "희망의 묵밥, 연대의 연잎밥".

묵밥 재료로는 우선 시원한 육수를 스테인레스로 된 육수통에 넣고, 묵도 몇 판 사다가 채를 썰었다. 김치는 송송 다져서 양념한 후 한번 볶아 담고, 김가루도 준비하고, 마지막으로 밥을 거의 60인분 가까이 준비했다.

연잎밥을 짓기 위해서는 행사 전날, 지역의 연꽃 저수지에 가서 직접 따온 연잎을 식초물로 씻어서 잘 닦아두고, 잡곡밥을 50인분 정도 지었다.

연잎밥의 밥 재료로는 잡곡과 밤, 은행알, 대추, 인삼 등이 들어간다. 보통은 다양한 저 밥 재료들을 씻어서 불린 후에 연잎에 싸서 오랫동안 푹 쪄서 먹는 음식이다. 하지만 많은 양을 할 때 그렇게 하면 너무 시간이 오래 걸리는 탓에 나는 우선 밥솥에 잡곡과 밥, 은행 등을 넣어서 미리 밥을 짓는다. 그런 다음 준비한 연잎에 밥을 넣고 고명처럼 인삼을 조금 넣은 후 잘 싸서 다시 한 번 찜솥에 쪄낸다. 이렇게 연잎밥을 준비하니 상자 세 개가 가득 찼다.

이러고도 미진한 것 같아서 즉석에서 바로 따끈하게 먹을 부침개 재료들도 준비했다. 그러다보니 문제는 이 어마어마한 짐을 어떻게 부산으로 가져가느냐였다. 부득이 차량을 섭외해서 짐들을 때려 싣고 부산으로 향했다.

진짜 문제는 부산에 도착한 다음이었다. 이럴 수가. 집결지에서 이제나저제나 희망의 묵밥을 전해주려고 기회를 보고 있었는데, 참가자들이 집결지에 머물지 않고 한진중공업 영도조선소까지 행진을 한다는 것이었다.

짐을 실은 차량은 경찰통제를 피해 뒤에서 멀찍이 따라오도록 하고는 우리는 행진 대열에 섞여서 영도조선소까지 거의 두세 시간을 행진했다. 그러나 영도조선소 인근까지 갔을 때 맞닥뜨린 건 거대한 차벽….

결국 차벽을 뚫으려는 행진 참가자들과 경찰 간의 심한 몸싸움이 몇 시간째 이어졌고 그 와중에 엄청나게 퍼부은 최루액 탓에 눈물 콧물이 줄줄 쏟아졌다. 여기저기 안경과 신발이 굴러다녔다.

그렇게 새벽까지 기진맥진 몸싸움을 했지만 결국 차벽을 뚫지 못했다. 그러다 참가자들이 잠시 차벽 근처 대로변에 앉아 쉬는 틈에 드디어 묵밥을 풀게 되었다.

시원했던 육수는 이미 미지근해졌지만 새벽까지 힘 쓰고 지쳐버린 참가자들에게 묵밥은 엄청난 인기를 끌었다. 함께 준비한 연잎밥까지 순식간에 동이 났다. 심지어 부침개도 엄청나게 줄을 선 참가자들 덕에 부치자마자 바로 바로 없어졌다.

우리는 그렇게 8차선 도로 위에서 묵밥과 연잎밥과 부침개를 나누어 먹으면서 뿌옇게 밝아오는 아침을 맞이했다.

어찌 보면 누구나 손쉽게 해먹는 음식에 불과한 것들이지만, 어느 순간 어떤 장소에서는 거대한 연대가 되고 지친 몸과 마음을 보듬어주는 따뜻한 양식이 된다는 생각을 했다.

고갈비

고등어는 특유의 비린 맛 때문에 호불호가 강하다. 고등어를 맛있게 요리하려면 이 비린 맛을 어떻게 다루는지가 가장 중요하다. 물론 그저 마늘과 고춧가루를 잔뜩 넣으면 비린내가 없어지기는 하지만 고등어 특유의 풍미는 즐길 수 없다. 고등어를 잘 요리하려면 좀 더 용기를 낼 필요가 있다. 무작정 비린내를 없애려고만 하지 말고 이 비린내를 풍부한 맛으로 바꿔야 하는 것이다.

대학 2학년 때였다. 당시 선후배들에게 등 떠밀려 단과 대학생회 부학생회장으로 입후보를 했다. 학생운동에서 조직활동가 역할만 해온 나로서는 운동의 전면에 나서는 일이 내키지 않았지만 당시 쪼그라들 대로 쪼그라든 학생운동의 상황 탓에 어쩔 수 없이 나서게 되었다.

사실 내게 있어 더 큰 문제는 학생운동 전면에 나서는 것보다 소위 무대공포증을 어떻게 극복하느냐였다. 많은 학우들 앞에서 어색하기 그지없는 몸짓으로, 또 덜덜 떨리는 목소리로 대중유세를 한다는 것은 너무나 큰 큰 공포였다.

그렇게 없는 용기까지 쥐어짰지만 대중유세 날이 다가오자 밥도 못 먹고 잠도 못 잘 만큼 공포감이 밀려왔다. 그런 나를 지켜보는 선후배들은 모두 어이없어 했다.

대중유세 날 하루 전 새벽, 얼굴이 하얗게 질려가는 나를 보던 선배 하나가 불쑥 자취방으로 찾아와서는 술이나 한잔 하자며 끌고 간 곳이 공단 입구에 자리잡은 포장마차였다.

새벽 공단 노동자들을 상대로 장사하는 그 포장마차 골목에서 가장 인기 있는 것은 고갈비였다. 고갈비는 당시 가장 비싼 포장마차 안주였다. 우리는 가장 저렴한 가격을 자랑하는 포장마차로 들어가 고갈비를 안주로 소주를 마셨다. 선배는 왜 지금 학생운동이 중요한지를 1시간 넘게 설교했는데, 그러는 내내 나의 신경을 자극한 것은 우습게도 고갈비였다.

호일에 싸서 매운 고춧가루 양념으로 요리한 고갈비에서 왜 그렇게 비린내가 강한지, 왜 고등어를 이따위로 요리하는지, 술을 마실수록 짜증이 일었다. '반재벌 국가독점주의 타파'를 단과대 학생회 선거운동 모토로 삼아야 한다며 거창하게 떠드는 선배에게 꼬박꼬박 대드는 싸가지 없는 후배 역할도 벅찬데 말이다. 왜 이 고갈비는 비린내가 이렇게나 심하고 양념이 따로 노는 건지 신경이 쓰이면서 짜증이 났다. 우리 학생운동가들이 노학연대의 선봉에 서야 한다고 줄기차게 주장하는 선배를 보면서도, 연탄화덕에다 호일로 감싼 고갈비를 요리하는 할머니 모습이 더 신경쓰였다.

그렇게 비린내 나는 고갈비와 독한 소주를 잔뜩 처먹고는 집에 돌아오는 길. 골목길에서 죄다 토해냈던 그 고등어의 비린내란….

고갈비에 간단히 고춧가루 양념을 할 때는 호일로 싸기보다 약한 불에 석쇠를 올리고 직화로 요리해야만 비린내가 잡히고 살에 양념도 잘 밴다.

호일에 싸서 요리하려면 고등어무조림처럼 편으로 썬 무를 바닥에 깔고 요리해야 좀 더 깊은 맛이 나고 비린내가 나더라도 역하기보다 식욕을 자극하는 맛이 된다.

우리 어머니는 호일을 깔고 고등어를 요리할 때, 무를 갈아서 얹는 방식으로 했지만 나는 편으로 썬 무를 얹는 게 더 구미에 맞는다. 그런데 사실 가장 맛있는 고등어 요리는 신김치를 넣어서 요리한 고등어 김치 조림이라고 생각한다. 신김치의 신맛이 고등어살을 부드럽게 만들어주기도 하지만 비린내를 식욕을 자극하는 맛으로 바꾸어주는 덕분이다.

그해 선거에서는 아주 근소한 표 차이로 떨어졌다. 그 탓인지 오랫동안 몇몇 선후배하고는 척을 졌고 나름 마음의 상처도 얻었다. 무대공포증은 최대치로 악화되었다. 역한 비린 내를 안주 삼아 마셨던 소주가 몸과 마음을 지치게 했던 것은 아닐까.

여주 볶음 ①

 어렸을 땐 쳐다도 보지 않았다. 하지만 어느 순간 '아! 이 맛이야' 하는 경우가 있다. 여주는 시골에서 흔한 과일이었지만 그닥 맛이 없어서 저런 걸 왜 키우는지 이해를 못했었다. 그렇게 한참을 잊고 지냈던 것 같다.

 이때도 오사카 가마가사키에 갔을 때디. 하루는 우리를 맞아준 김임만 감독이 프라이팬에 여주를 대충 썰어 넣고 프랑크 소시지랑 방울토마토와 함께 볶아주었다. 처음에는 이걸 어떻게 먹나 난감했다. 역시나 여주 특유의 엄청 쓴 맛은 아무리 소시지랑 방울토마토랑 곁들여도 참기 힘들었다. 나만 그런 게 아니라 함께 먹던 일본 활동가들도 연신 이런 걸 어떻게 먹느냐며 타박을 했었다.

 그런데 대개 나이가 들면 쓴맛에 익숙해지거나 좋아하게 되는 것 같다. 어렸을 때 주로 찾던 달달한 맛보다는 입안을 깔끔하게 만들어주는 쓴맛이 당긴다. 쓴맛이 청량감을 주는 한편 몸을 개운하게 만들어준다는 생각을 하게 된다.

어릴 적에는 여주가 노랗게 익으면 그 속의 새빨간 열매만 입안에서 벗겨먹고 씨앗은 뱉어버리는 게 다였다. 그런 여주를 이렇게 요리할 수도 있구나 싶어서 먹기 괴로웠지만 한편으로는 흥미가 솟았다.

그리고 혜린이 유독 이런 쓴맛을 좋아하는 걸 알기에, 공룡에 돌아오자마자 여주 볶음을 해주었다. 혜린은 당연히 무척 좋아해주었다.

여주 볶음의 정식 이름은 고야 참푸르다. 이 요리는 미해군기지 반대 운동으로 잘 알려진 오키나와의 전통 요리다. 원래는 김임만 감독처럼 여주를 바로 요리하는 게 아니라 소금으로 잠시 절여서 쓴맛을 좀 줄인 뒤 요리한다. 볶을 때도 토마토와 소시지만 넣지 않고 계란을 풀어 스크램블처럼 만들어 먹으면 무척 맛있는 요리다. 물론 준비가 귀찮거나 강한 쓴맛을 좋아하면 바로 볶아 먹어도 되지만 말이다.

우선 여주를 썰어 굵은 소금에 5분가량 절인다. 그리고 기름 두른 프라이팬에 절인 여주를 볶다가 방울토마토, 두부, 소시지 등을 넣어서 볶는다. 마지막으로 계란 푼 것을 넣고 스크램블처럼 저어가며 익혀주면 된다. 너무 쓴맛이 부담스러우면 토마토케첩을 조금 뿌려 먹어도 좋다.

여주 볶음 ②

 공룡들은 청주시 사직동에 살며 활동을 한다. 예전에는 마을에서 활동한다는 것에 특별한 의미가 없었다. 마을 활동이 아기자기한 자기만족적인 일로 보이던 때도 있었다. 하지만 이제는 세상이 변했는지, '마을'이 마치 대안적 공간인 듯 이야기된다. 또 '마을이 희망'이라거나 마을 활동이 대안석인 사회 운동이라는 이야기도 흔해졌다.

 이것은 이데올로기적 운동들이 많이 위축된 데 따른 결과일 수 있다. 김대중 정부 이후 사회 운동의 대다수가 어느새 정부의 정책자금을 재정 기반으로 삼다 보니, 결국 활동 역시 정책자금의 흐름대로 활성화되는 측면도 강하다.

 물론 정책자금의 흐름을 마을 운동 쪽으로 가져오기 위해 초기 활동가들이 헌신적인 활동을 한 점은 인정한다. 그렇지만 이렇게 자금의 흐름대로 유행을 타듯 활동이 전개되는 양상에는 불편함을 느낀다.

여하튼 지금은 마을, 마을 활동, 마을 주민이 대세인 시대다. 그래서 우리들 활동에도 언젠가부터 마을 주민 참여가 중요해졌다. 또 언제나 마을 주민들이 활동의 기반이어야 한다는 주장이 여러 미담들을 중심으로 굳어져가는 중이다.

 하지만 마을은, 마을 주민은 과연 옳기만 할까? 내가 사는 사직동은 마을 전체가 재개발 지정 지역이다. 즉 아주 저렴하고 허름한 주택 단지 지역이라는 말이다. 따라서 청주시의 가난한 사람들이 세입자로 살아갈 수 있는 몇 안 남은 지역이기도 하다.

 선영이네 집이 있는 곳도 청주시 사직동이었다. 선영이의 아버지는 공장에서 일을 하고 어머니는 필리핀에서 온 이주여성이다.

 어느 해인가 필리핀에 사는 선영이네 외할아버지 즉, 루디 아저씨 부부가 한국에서 지낸 적이 있었다. 당시 선영이 아버지가 공장에서 일하다 손 하나가 절단되어 장애인이 되고 또 여러 사정이 생겨 루디 아저씨 부부가 한국에 와서 아이들을 돌봐주고 있었다.

 동네에서는 당연히 선영이 어머니나 루디 아저씨 부부를 두고 뒷말이 무성했다. 돈을 보고 왔다는 둥, 동네 분위기를 해친다는 둥 하는 이야기들이 많았다.

 그해에 루디 아저씨는 자그마한 마당에다 여주를 잔뜩 심었는데 여주 넝쿨이 뻗어서 마당 전체를 가득 메우더니 담장 너머까지 엄청나게 자라났다. 당연히 여주도 많이 열렸는데 주변에 사는 주민들이 이 여주를 얻고 싶어서 기웃기웃했더랬다.

그러던 어느 날 루디 아저씨가 공룡들 먹으라고 한 광주리 가득 여주를 따주셨다. 그러면서 하신 말.
"다른 이웃들에게는 주지 마라!"
자신들을 대놓고 무시하는 이웃들에게 절대 여주를 나눠주지 말라는 이야기였다. 덕분에 우리는 건강에도 좋고 간단한 맥주 안주로도 딱인 여주를 아주 원없이 먹었다.
그 이듬해인가 선영이네 가족은 전부 필리핀으로 이주했다. 한국에서 장애인으로 사는 고충과 주민들의 차별과 괄시가 이곳을 떠나게 한 것이다.

여주 볶음 맛은 매우 쓰지만 몸에는 좋은 맛이다. 이 쓴맛을 없애려고 달걀과 소시지와 방울토마토 등을 함께 볶아 먹지만 여전히 이 요리의 가장 중요한 맛은 쓴맛이다.
우리 마을살이도 이렇지 않을까 싶다. 여주처럼 당장은 쓰고 불편하고 어려운 게 마을살이다. 그렇지만 그런 불편함들이 모여서 마을을 이루고 또 살아가는 것이 우리들의 삶이다.
그걸 피하거나 혹은 당장 편하자고 배제하고 무시하고 멸

3장 뜨끈한 양식, 뜨거운 연대

시하다가는 어느 순간 우리들 마을에, 우리들 곁에 남아 있는 것이 아무것도 없을 터이다.

볶음 고추장

고등학교 자취 시절, 보통 그 나이 고등학생답게 아침은 어머니가 싸준 볶음 고추장을 밥에 넣어 쓱쓱 비벼먹곤 했었다. 아침에 요리를 한다는 게 엄청 귀찮기도 하지만 대개 시간이 부족하기 때문이었다.

시골 출신이라 아침을 굶는 건 익숙하지 않았다. 그래서 대충 때우더라도 밥을 꼭 챙겨먹기는 했었다. 이렇게 6년이 넘게 혼자 식사를 하다 보니 어느 순간 아침뿐만 아니라 저녁도 때우듯 먹게 되었다. 꼭 시간이 없거나 귀찮아서라기보다는 혼자 서글프게 밥 먹기가 싫어 언제나 후딱 비벼 먹어 치우는 데 익숙해져버린 탓이다.

지역의 공부방에서 일할 때였다. 우리 공부방에 다니는 아이들 중에는 혼자 식사하는 것에 익숙한 아이들이 많았다. 집에서 안정적으로 돌봐줄 사람이 없는 탓에 혼자 밥 먹는 일이 잦은 까닭이다. 그나마 주변에서 이 아이들의 반찬이나 간식거리를 챙겨주어서, 음식이 충분하진 않아도 굶지는 않을 수 있었다.

문제는 이런 아이들이 지닌 공통된 식사 습관이었다. 이 아이들은 흔히 밥을 엄청 빨리 먹는다. 그리고 밥이나 반찬을 한 그릇에 넣고 비벼 먹거나 국이 있으면 국에 말아 먹는다.

하나라는 여자아이가 있었다. 초등학교 4학년 때부터 중학교 때까지 공부방에서 오랫동안 함께 지낸 아이였다. 하나는 밥을 엄청 빨리 먹었다. 먹는다기보다는 마신다는 게 맞지 않나 싶을 정도였다. 그리고 작은 아버지가 가져다준 볶음 고추장을 엄청 좋아했는데 항상 밥을 이 고추장에 비벼 먹었다. 급식 시간에도 다른 아이들이 이제 막 밥을 먹기 시작할 때쯤 하나는 몇 가지 반찬과 밥을 비벼 후딱 먹어치우고 자리에서 일어나곤 했다. 혹은 몇 가지 반찬과 밥을 그릇 하나에 넣고 후딱 비벼 먹곤 했다. 그런 음식 습관이 계속 신경 쓰여 어느 날은 다가가 말을 걸었다.

"하나야… 밥을 조금 천천히 먹으면 안 돼?"
"샘, 저는 원래 어렸을 때부터 빨리 먹었어요."
"그래도 조금 천천히 먹으면 좋을 것 같은데."
"왜요? 저는 이게 편한데."
"그게… 혼자만 그렇게 빨리 먹으니까 다른 사람들하고

함께 먹질 못하잖아."

"저는 원래 혼자 먹어요."

"그러니까… 전에는 혼자 먹지만 이젠 함께 먹기도 하니까… 다른 아이들이랑 먹는 속도를 맞춰봐…."

"…."

"그리고 자꾸 밥을 비벼 먹는 습관도 좀 고쳐보고."

"그건 왜요?"

"내가 오랫동안 자취하면서 혼자 먹다 보니까 귀찮아서 대충 고추장에 비벼 먹는 습관이 있었는데… 그게 나중에는 별로야. 자꾸 비벼 먹으면 음식들이 죄다 같은 맛처럼 느껴지거든."

"저는 그래도 그게 좋은데요?"

"그러니까… 네가 좋아하는 볶음 고추장은 집에서만 먹고… 공부방에서 먹을 때는 친구들과 어울리면서 음식도 하나씩 천천히 먹어봐."

"싫어요… 귀찮기도 하고. 저는 혼자 먹는 게 좋아요."

"혼자 먹는 게 좋은 사람은 없어…. 그냥 혼자 먹는 거지…."

"…."

솔직히 이날 나는 무척 후회했다. 괜히 이야기를 한 듯했다. 혼자 먹는 걸 좋아한다고 이야기하는 하나의 표정이 한참이나 마음에 남았다. 혼자 먹는 밥에 익숙해진 아이를 달리 바꿀 능력이 없는 스스로에게도 속이 상했다.

나 역시 어머니가 해주는 볶음 고추장을 엄청 좋아한다. 그래서 어머니는 지금도 볶음 고추장만이 아니라 바쁘거나 혼자 밥 먹을 때 비벼 먹으라고 다진 젓갈장들을 만들어주신다.

한때는 혼자서도 볶음 고추장을 만들어 먹고는 했었는데 하나랑 이야기한 이날 이후로는 볶음 고추장을 만들지 않는다. 어머니가 만들어주시는 볶음 고추장도 거의 안 먹는다. 혼자 먹는 습관이 생기기는 아주 쉽지만 다시 버리기는 참 쉽지 않은 듯해서다. 특히 혼자 먹는 습관이 어린 시절에 생기면 식사가 식사 이상이 되기가 더 힘들다. 천천히 먹으면서 상대편 눈을 맞추는 방법을 모르니 여럿이 먹더라도 혼자만의 식사를 한다.

그래서 볶음 고추장을 볼 때마다 먹는다는 건 누구에게는 생각하고 싶지 않은 서글픔이나 고통일 수도 있다는 생각을 하게 된다.

우리 집 볶음 고추장 만드는 방법은 이렇다. 우선 프라이팬에 기름을 두르고 다진 소고기를 볶다가 다진 마늘을 넣고 볶는다. 마늘이 대충 익었다 싶을 때 고추장, 매실청, 간장을 넣어서 볶아내면 끝이다.

곱창구이

의도치 않게 땡땡책협동조합의 이사가 되었다. 그런데 땡땡책 사무국이 서울에 있는 탓에 주로 서울에서 이사회가 열리는 터라 나는 번번히 참석을 못했다.

무지하게 미안한 마음이 크지만 애써 무시하면서 산다. 미안하면 불편해지고 불편해지면 멀어질 테니. 미안해하기보다는 회의를 함께하진 못해도 마음은 함께하니 다행이라고 생각하려고 애쓴다.

그리고 비록 회의에는 못 가지만 이따금 시간이 되면 그냥 이웃집 놀러가듯 땡땡사무국에 놀러간다. 맛있는 낮술도 마시고….

언젠가 땡땡에 놀러 갔다가 낮술을 마시기로 작당해서 근처의 곱창구이집에 간 적이 있었다. 그런데 놀라운 가격과 더 놀라운 곱창의 양 때문에 어이가 없었다.

청주에서는 육거리시장에 가면 아주 싼값에 손질된 곱창을 살 수 있다. 보통 1만 원 어치 정도 사면 대여섯 명이 충분히 먹을 양이 된다. 물론 곱창구이로.

그런데 집에서는 곱창을 구워먹기가 쉽지 않다. 어찌 보면 세상에 곱창구이만큼 쉬운 요리가 없지만 구울 때 나는 냄새가 워낙 심해서 먹고 나면 며칠 동안 냄새가 빠지지 않기 때문이다.

그런데 공룡에서 곱창구이를 해먹을 때는 걱정이 덜 된다. 커피 로스팅을 자주 하고, 커피 로스팅을 할 때 나는 냄새가 다른 냄새를 지워주므로 곱창구이 냄새를 크게 걱정하지 않아도 되는 것이다.

땡땡책에서 낮술안주로 사먹은 비싸고 양 적은 곱창구이가 뇌리에 남아 있었나 보다. 얼마 후 천안 공간사이의 장동순 샘이 공룡에 놀러왔을 때 우리는 곱창구이를 해먹기로 했다. 장동순 샘과 육거리시장 구경이나 하자며 산책 삼아 나섰다가 시장에서 곱창을 봤는데, 순간 오늘은 무조건 저거다 싶었다.

사 온 곱창의 양쪽 끝에다 큰 통마늘을 넣은 후에 빠지지 않도록 이쑤시개 같은 것으로 찔러 놓는 것으로 요리 준비를 시작했다. 이렇게 마늘로 막는 이유는 곱창 안에 있는 곱이 빠져나오지 않도록 하기 위해서다. 곱창에서 곱이 빠지면 질기기만 하고 특유의 고소한 맛이 나질 않는다.

우선 프라이팬에다 통마늘로 양쪽을 막은 곱창을 엉키지 않게 원형으로 올리고 가운데에 양파랑 버섯 등을 올린 후 후춧가루를 뿌리고 약한 불에서 익히면 된다.

문제는 언제 가위로 잘라서 먹느냐인데 보통은 곱창에 붙어 있는 하얀 기름이 다 녹아 노릇노릇해질 때까지 약한 불에 익히면 된다. 보통 곱창에 붙어 있는 하얀 것은 기름인데, 이게 보기보다 엄청 많이 녹아 나온다. 그래서 곱창전골 같은 요리를 할 때는 이 하얀 부분을 죄다 제거하고 수증기로 찐 후 식혔다가 그때그때 써야 하는데 이게 만만찮은 작업이라 나도 웬만하면 곱창전골 따위를 직접 하진 않는다.

어렸을 때 집에서 정육점을 했던 터라 주말마다 이 내장 손질을 도와야 했던 나는 이 작업이 얼마나 귀찮고 손이 많이 가는 일인지 안다. 그렇기에 더더욱 곱창전골은 하지 않고 만일 한다면 곱창구이만 하게 된다.

언젠가 땡땡책 사무국 전유미 샘이 공룡에 놀러오시면 곱창구이를 배 부르게 대접하고 싶은데 아직까지는 기회가 없었다. 다만 그 덕에 공룡에 놀러오시는 다른 분들이 곱창구이를 드시는 행운을 잡게 되었으니, 땡땡책은 여하튼 훌륭한 곳이다.

고로케

 고로케는 흔히 간식이나 군것질거리로만 여겼다. 그런데 몇 년 전 일본 오사카 지역으로 여행을 갔다가 그 생각이 바뀐 적이 있다.
 오사카에서 나는 틈만 나면 타코야키를 사먹었는데, 여행에 함께 간 해방촌 '빈집'의 활동가 지음은 언제나 다양한 고로케를 사먹곤 했다.
 하도 그러다 보니 나는 타코야키상, 지음은 고로케상이라는 별명까지 얻게 되었다. 이정도로 각자 자기가 좋아하는 것만 집요하게 먹었더랬다.

 그러다 아주 우연한 사건 덕분에 고로케가 한 끼 식사로 손색없다는 것을 깨닫게 되었다.
 오사카의 한 비어 있는 공장에서 대안 공간을 운영하는 '레모'의 사그라다 카즈 선생을 만나러 가는 길이었다.

이동 시간대가 어중간해서 밥을 못 먹은 터라 레모에 가기 전에 근처 슈퍼에 들러 요기를 하기로 했다. 그곳에서 나는 무슨 덮밥을 샀는데 지음은 역시나 고로케를 샀다.

그런데 내가 산 덮밥 도시락은 정말이지 맛이 없었고 지음이 고른 고로케는 무척 훌륭한 한 끼 식사였다. 고로케의 발견이었다. 그다음부터는 나도 별 고민 없이 고로케를 고르게 되었다.

레모라는 곳은 아나키스트를 자처하는 일본인 예술 활동가들이 만들고 운영하는 공간이다. 카페와 주점을 겸한 주방식 바가 있고, 작은 세미나 공간도 마련돼 있으며, 가장 좋은 건 넓은 작업 공간과 전시 공간이었다.

레모가 위치한 곳은 쇠퇴한 공단 지역이어서 비어 있는 공장이나 창고가 많았다. 그리고 동네 자체가 무척 조용하면서도 죽어간다는 느낌이 있었다. 레모는 이런 곳을 기반으로 소위 '마을 만들기'식 지역 부흥 활동, 혹은 예술을 통한 도시재생 운동을 하는 곳은 아니었다. 오히려 반대로 그러한 도시재생 및 예술활동을 이용하는 '마을 만들기'의 폐해를 지적하고 싸워가는 곳이었다. 일본의 지배 권력에 근본적으로 저항하는 법을 연구하고 자본주의의 변혁을 위한 고민들을 풀어나가는 네트워크 공간이자 아나키스트들의 거점이기도 했다.

카즈와는 아주아주 느릿느릿한 지음의 영어 통역을 통해, 그러니까 문장이 아닌 단순히 몇 개의 단어들을 통해 이야기하는 신기함을 맛보았다. 한국의 아나키즘이나 카즈가 생각하는 대안활동들, 그리고 이탈리아 '민중의 집' 활동의 오류에 대한 논의, 소위 윤소영, 이진경, 조정환 식 활동들에 대한 서로의 인식 등등…. 나는 속으로 생각했다. '이런 식의 대화도 가능하구나. 이 몇몇 단어들과 추임새들의 조합이라니….'

하지만 역시나 가장 중요한 깨달음은 고로케가 밥이 된다는 것이 아니었을까?

물론 고로케는 타코야키에 비하면 거의 완전식품에 가깝다. 고로케 자체가 으깬 감자를 베이스로 햄이나 각종 채소류, 다진 고기류, 해물류를 더해 다양한 변용이 가능하기 때문이다.

베이스로 사용하는 으깬 감자 대신 으깬 고구마를 사용해도 되고 심지어 크림을 사용해도 된다. 그래서 고로케 대여섯 개가 들어 있는 도시락을 사서 간단하게 한 끼를 해결하는 일본 사람들을 자주 보곤 했다.

그때는 저렇게 먹고도 일할 힘이 날까 싶었지만 지금은 조금 생각이 바뀌었다. 밥도 되고 술안주로도 훌륭한 메뉴인 것 같아서 나도 요즘은 고로케를 자주 술안주로 내놓는다.

보통 가장 기본이 되는 고로케는 삶은 감자를 으깨고, 볶은 양파와 다져 볶은 베이컨을 함께 넣어 버무린 후 녹말가루, 계란물, 빵가루를 순서대로 묻혀 튀겨내면 된다.

여기에 조금 더 고소한 맛을 내려면 버무릴 때 녹인 버터를 넣거나 첨가하고 싶은 것들을 넣으면 된다. 조심해야 할 것은 모든 재료는 튀기기 전에도 이미 먹을 수 있어야 한다는 것이다. 즉, 이미 다 익히거나 익지 않아도 먹을 수 있는 것들로 버무려서 튀길 때는 약간 노릇하게 살짝 튀겨내기만 해야 한다.

여기서 고로케를 안주로 만들고 싶다면 찍어먹는 소스를 잘 만들면 된다. 보통 술안주를 만들 때 단맛을 강조하면 술맛이 떨어지거나 익숙하지 않아서 사람들이 잘 먹지 않는다. 그래서 달콤한 소스보다는 약간 매운 소스를 만들면 좋다. 시판하는 돈가스 소스를 이용하면 편한데, 달군 팬에 채 썬 양파와 버섯 종류를 살짝 볶다가 다진 청양고추를 넣어 살짝 더 볶고, 시판 돈가스 소스를 넣으면 끝이다.

이걸 따로 종지에 담아 내거나 뜨거운 고로케 위에 뿌려내면 그야말로 든든한 술안주가 된다.

부야베스

요리를 좀 한다고 소문이 나고부터 그냥 편하게 하던 요리가 부담스러울 때가 있다. 처음 부야베스 요리를 한 것도 그저 재미삼아 시도했을 뿐이다. 활동하면서 많이 피곤해하는 공룡들을 위해 좀 색다른 것을 해주고 싶어서였다.

이게 소위 프랑스식 해물탕 요리 혹은 벨기에식 해물 요리라는데, 솔직히 프랑스 요리를 먹어본 적이 없어서 정통의 맛과는 비교가 불가능했다. 내가 해놓고 이게 맞는 걸까 싶지만, 이런 거 저런 거 따지지 않고 이따금 해먹기엔 꽤 괜찮은 요리다.

그런데 이렇게 즐겁게 하던 요리가 '누군가 이걸 다른 곳에서 먹어 보지 않았을까?' 싶은 마음이 들면서부터는 부담스러운 요리가 됐다.

그저 공룡들과 맛있게 먹어보자고 시작한 요리인데 어느 순간 이걸 잘해야겠다는 생각이 들자 부담이 생긴 것이다.

한번은 여성의 날을 기념해 우리 지역에서 투쟁하는 비정규직 여성노동자들을 공룡에 초대해 이야기 한마당을 열게 되었다.

이날 투쟁하는 비정규직 여성노동자들을 위로하고자 평소 먹기 힘든 요리를 대접해보자는 취지로 선택한 메뉴가 부야베스였다. 그냥 평소처럼 준비하면 될 것을, 많은 인원에게 특별한 맛을 보여주고 싶은 마음이 겹치며 일이 무척 커졌다.

부야베스는 각종 조개류와 꽃게, 쭈꾸미나 오징어, 새우와 더불어 흰살 생선을 준비해야 된다. 채소는 볶을 수 있는 것들, 양파나 피망, 파프리카, 당근 같은 것들을 채 썰어 사용한다.

올리브유 두른 냄비에 마늘을 넣고 볶다가 야채들을 넣고 볶는다. 반쯤 익었다 싶으면 토마토를 썰어 넣는다. 그리고 준비해둔 해산물들을 차곡차곡 넣는데, 처음에는 흰살 생선을, 그 다음에 조개 종류를, 맨 위에 게와 오징어를 넣는다. 그리고 요리 재료들이 잠길 정도로 화이트 와인을 넣어주면 된다. 재료들이 익을 때까지 끓이면 와인 맛과 토마토 맛과 해산물 맛이 어우러진 맛있는 요리가 된다.

드신 분들의 반응은? 특별한 맛이라고 평가해주긴 했으나, 익숙한 맛이 아니라 그런지 엄청 좋아하시진 않았다. 오히려 익숙한 한국 요리 쪽을 더 맛있게 드시는 듯했다.

결국 특별함이 익숙함을 이기기 힘들 듯 우리가 하는 요리도 익숙함에 기댈 수 밖에 없는 듯하다. 이따금 특별한 요리를 맛보는 것도 좋지만, 익숙함을 내다버릴 수는 없는 것이다.

깐풍기

깐풍기는 그리 대단할 게 없다. 항상 생각하는 거지만 요리란 것은 거의 양념이나 소스에 좌우된다. 특히 대단해 보이는 요리일수록 실은 몇 가지 양념에 절대적으로 의지하는 경우가 많다.

공룡에는 가끔 약속없이 갑자기 찾아오는 손님들이 있다. 주변에다 하도 공룡에 오면 특별한 요리를 맛볼 수 있다고 소문을 내놓아서인지 손님들만 오면 무엇인가를 해야할 것 같은 의무감이 게 생긴다.

그럴 때 손쉬운 게 중국요리다. 중국요리는 거의 대다수가 강한 소스를 쓰기 때문에 변용이 쉽다. 그에 비해 일식요리는 워낙 간장 베이스 요리가 많은 탓인지 원재료에 의지하는 경향이 강해 변용하기가 좀 망설여지곤 한다. 그리고 보면 소위 맛있는 음식으로 유명한 동네는 결국 양념류나 장류, 소스류가 풍부한 동네다. 이런 향신료 계통이 발달할수록 맛있는 요리의 가짓수가 많아지며 기본적으로 만족도 높은 요리들도 많아지는 것 같다.

흔히 요리가 유명한 나라로 알려진 중국이나 인도, 이탈리아 등등은 모두 이런 풍부한 소스류와 향신료가 잘 발달한 나라다. 우리나라에서도 음식으로 유명한 지역이 다양한 젓갈류가 발달한 서해안의 전라도인 것도 비슷한 맥락이 아닐까.

하루는 수수와 안창규 감독님이 공룡에 놀러 왔다. 수수는 청주시노인전문병원 노동자들의 투쟁, 특히 100인 동조단식 투쟁에 풍물 지도 및 상쇠 역할을 맡아 주십사 하는 부탁에 바쁜데도 흔쾌히 와주셨다. 수수는 이젠 왠지 공룡 식구 같다는 생각이 들 정도로 공룡과 이것저것 많은 활동을 함께 하는 소중한 길동무다.

안창규 감독님은 청년유니온 활동을 영상으로 담아 다큐 〈청춘유예〉를 만든 다큐 감독이다. 지금은 두 번째 청춘 시리즈로 또 다른 청년들의 활동을 다큐에 담으려고 준비 중이다. 일전에 핵발전소 반대 투쟁을 하고 있는 영덕 주민들의 주민투표에 연대하는 '미디어로 행동하라 in 영덕' 활동에도 함께 하셨다. 감독님 고향이 청주인데 명절 전에 아버님 산소에 미리 제사 지내러 내려오신 김에 공룡에 들러주셨다.

이럴 땐 보통 농수산물시장 같은 곳에 가서 특별한 재료라도 사서 준비하게 되는데 이날은 그냥 주변에 있는 재료로 준비해보고 싶었다. 특히 내가 만드는 안주가 주로 고기류 중심이었는데 이날은 채식하는 수수도 있어서 채색하는 사람도 먹을 수 있는 간편한 안주를 만들고 싶었다. 그래서 선택한 게 깐풍기다.

깐풍기는 말 그대로 중국식 닭튀김 요리다. 강한 소스로 달콤 매콤한 맛에 살짝 새콤한 맛을 가미하면 된다. 원래 닭고기 살에 튀김옷을 입혀 튀긴 후 소스를 더해 볶아내면 되는데, 닭고기 대신 여러가지 식재료를 응용할 수 있다.

우선 수수를 위한 채식 깐풍기에는 표고버섯을 썼다. 끓는 물에 생표고버섯을 살짝 데친 후 녹말가루와 찹쌀가루를 5대 5로 섞어 튀김옷을 만들어 입힌다. 그날은 마침 공룡에 찹쌀가루가 없어서 녹말가루만 썼다.

고기를 좋아하는 공룡들과 안창규 감독님을 위해서는 황태포를 사용했다. 황태포를 물에 불려 먹기 좋은 크기로 자른 후 녹말가루랑 튀김가루, 그리고 계란 노른자를 넣어 튀김옷을 입혀준다. 그런 후에 기름에 튀겨주면 된다.

튀기는 동안 깐풍기 소스를 만드는데, 먼저 프라이팬에 다진 마늘, 다진 청양고추, 채 썬 양파, 느타리버섯을 넣어 볶는다. 채식 깐풍기를 만들 때는 여기 간장 3순가락, 고추가루 1순가락, 설탕 2순가락, 매실청 2순가락을 넣어 함께 걸쭉하게 볶다가 튀겨 놓은 표고버섯을 넣어 순식간에 볶는다. 그리고 접시에 담아 내면 표고버섯 깐풍기가 완성된다.

황태 깐풍기를 만들 때는 간장 대신 굴소스를 3순가락 넣어준다. 소스는 지나치게 새콤해지지 않도록 주의한다. 우리 동네에 있는 중국집의 깐풍기는 지나치게 새콤해서 영 별로다. 새콤한 맛을 내려고 식초를 넣은 모양인데 전체적으로 맛이 부담스러워졌다. 맛의 균형을 맞추려면 새콤한 맛은 아예 포기하는 편이 낫다. 그래서 깐풍기를 할 땐 매실청이 있으면 넣고 식초는 절대 안 넣는 편이다.

황태포를 불린 후 튀기면 식감도 뛰어나 닭고기보다 더 맛있다고 느끼는 사람들도 많다. 깐풍기 소스만 무리 없이 만들 수 있다면 튀길 수 있는 것들은 거의 다 깐풍기 재료가 된다고 보아도 무방하다. 만두가 대표적이고, 생선살, 두부, 가지 등등을 이용해도 별미의 깐풍기를 만들 수 있다.

수삼 튀김과 송사리 튀김

지음과 살구를 처음 안 건 한때 진보넷 블로그에 글을 쓰면서부터다. 내가 반자본주의나 공동체주의 등에 관한 책을 읽고 후기를 쓰면 지음이 댓글을 달고, 지음이 주거공동체나 대안금융 등에 관한 글을 올리면 내가 댓글을 다는 식으로 인사를 나눴더랬다. 그러면서 뭔가 묘하게 마음이 맞는 사람이라고 생각했다.

그때 지음과 살구는 서울 남산 해방촌에서 '빈집' 활동을 막 시작했을 때고 나는 청주에서 공룡 활동을 막 시작했을 때라 그런 친밀감이 더 컸는지도 모르겠다.

자연스럽게 당시 공룡을 함께 준비하던 혜린과 빈집을 찾아가 하룻밤 자면서 이런저런 이야기를 나누었고, 빈집 식구들도 이제 막 활동을 시작한 공룡들을 만나러 청주에 내려왔다. 그렇게 삶을 공유하며 서로가 필요한 존재들이 되어갔다.

지음하고는 대단한 이데올로기나 활동 때문에 뭉친다기보다 그저 삶을 공유한다는 느낌이 훨씬 강하다. 다소 신기한 일이다. 오랫동안 활동가로 살면서 현장에서 사귄 사람들과의 관계는 대개 활동의 폭 안에서 형성됐다. 이 사람들과의 관계를 맛으로 표현하면 뭔가 강한 맛, 그러니까 한 번 먹으면 잊지 못하는 강렬한 맛이다.

하지만 지음과 살구와의 관계는 그런 특별하고 강렬한 맛이 아니라 오랜 시간 활동 외의 삶을 공유해온 은은하고 소소한 맛으로 떠오른다.

몇 해 전 지음과 살구가 조한혜정 교수가 귀촌하면서 지은 집에 놀러간 적이 있었다. 나도 잠깐 시간이 나서 지음과 살구를 만나러 그곳을 찾아갔다. 동호인 주택 단지 같은 마을이 다소 불편했지만 여튼 주 목적은 마을 답사가 아니라 지음과 살구를 보는 일이었다. 반갑게 만난 우리는 언제나처럼 금세 의기투합해서 실개천에서 송사리를 잡고 좀 더 넓은 웅덩이가 보이면 수영도 하면서 놀았다. 그렇게 오후 내내 빈둥대다가 저녁이 되어 각자 자연스럽게 요리를 했더랬다.

지음은 금산에 들르는 김에 사온 수삼을 정성스레 씻어 튀김옷을 입혀 튀겨냈고 나는 오후에 잡아온 새끼손가락 만한 송사리를 내장 빼고 비늘 벗겨서 튀겨냈다. 그렇게 튀김 먹고 술 한 잔씩을 하며 노닥노닥. 아마 이런 게 내가 지음과 살구에게 익숙해져가는 방식이 아니었나 싶다.

보통 인삼은 비싸서 백숙 같은 걸 할 때나 한두 뿌리 넣는다고 생각하는데, 사실 알고 보면 그렇게 비싸지 않다. 수삼의 경우도 생각보다 비싸지 않아서 금산 같은 대규모 인삼 유통단지나 온라인에서 구입하면 싸게 구할 수 있다. 이것들을 튀겨서 먹으면 대단한 별미다. 삼채라는 것도 있다. 삼채는 삼의 뿌리처럼 생긴 채소인데 이걸 튀김옷을 입혀 튀겨 먹어도 맛있는 요리가 된다.

송사리 같은 민물고기는 손질이 중요하다. 보통 흙내라는 특유의 비린내 때문에 민물고기를 싫어하는 사람들이 많은데, 내장을 잘 빼내고 특히나 작은 물고기라도 정성 들여서 비늘을 제거하면 저 비린내를 잡을 수 있다.

이렇게 손질해서 튀기면 맛있는 민물고기 튀김이 되고, 여기에 약간 매콤달콤한 양념을 묻혀 구워내면 소위 도리뱅뱅이가 되는 것이다.

짜조

 빈집과 초기부터 교류하며 많은 소중한 사람들을 만나고 지금껏 인연을 이어오는 중이다. 지금은 빈집 초기 멤버들이 다들 각자 삶의 방향대로 전국 곳곳에 터전을 잡아 사는 터라 마음처럼 자주 볼 수 없는 게 조금 아쉽다. 그래도 한 번 맺은 깊은 관계는 쉽게 어디 가지 않는 듯하다.

 빈집에서 사귄 인연 중에 공룡들이 좋아하는 목수 말랴가 있다. 지금은 제주에서 목수일을 하며 살아가는 중인데 간혹 명절에 육지에 나오면 공룡에 들렀다가 청주공항에서 제주로 돌아가곤 한다.

 재미있는 건 말랴 덕에 천안에서 협동조합 활동가로 '공간사이'를 운영하는 장동순 샘을 알게 되었다는 거다. 원래 말랴와 동순 샘은 오랜 친구 사이였는데 동순 샘이 공간사이의 공사를 말랴에게 부탁했다고 한다. 그때 말랴를 통해 천안에 좋은 공간이 생긴다는 것과 동순 샘이라는 분의 소식을 들었다. 그때 공간사이라는 곳과 말로만 듣던 동순 샘에 대해 큰 호기심이 생겼는데 고맙게도 공룡이 지금의 자리로 공간을 옮겨올 당시 동순 샘이 직접 찾아와주었다. 어쩐지 곧 만날 것 같더라니. 그리고 동순 샘과는 심지어 땡땡책협동조합 일도 함께하는 든든한 사이가 되었다.

재밌는 건 동순 샘, 말랴, 그리고 나, 이 세 명이 한 번도 한자리에 모인 적이 없다는 것이다. 동순 샘이랑 한잔하는 자리엔 말랴가 없고, 말랴가 청주에 오는 날엔 동순 샘이 없고, 심지어 한 번은 제주도에 사는 말랴가 공룡에 찾아왔고, 그런 말랴를 보러 천안 사는 동순 샘이 공룡에 왔는데 내가 밤 출근을 하는 바람에 이 사람들과 술 한잔을 못한 적도 있다.

무슨 조화인가 싶지만 언젠가 함께할 자리를 고대하는 재미가 있긴 하다. 비록 다 같이 마주치는 날이 미뤄지더라도 우리가 오래 지속되는 만남 속에 있으니 말이다. 정말이지 만남이 늦게 성사될 뿐, 언젠가는 꼭 만나지고야 마는 그런 관계들이 있다.

나에겐 만두가 그렇다. 특히 베트남식 고기 만두 짜조. 이 짜조는 실제 우리나라 고기 만두랑 매우 흡사하다. 아니 만두피 대신 라이스페이퍼를 사용하는 것을 빼고는 사실 고기 만두 요리법과 다를 게 없다.

내가 워낙 만두를 좋아하고, 만두 중에서도 특히나 고기

3장 뜨끈한 양식, 뜨거운 연대

만두를 좋아하는 편이라 세상의 고기 만두는 다 먹어보거나 만들어 먹겠다는 욕심을 갖고 있었다. 언젠가 베트남에 가서 꼭 짜조를 먹겠다는 바람도 그중 하나였다. 하지만 언제 갈지 모르는 나라를 생각하며 참느니 그냥 먹고 싶을 때 만들어 먹자고 마음을 바꿨다.

그래도 베트남 요리인 만큼 한국식 고기 만두와는 만두소가 조금 다르다. 보통 한국식 고기 만두소를 만들 때는 두부와 다진 돼지고기를 베이스로 한다. 여기에 취향껏 데친 당면이나 다진 양파, 채 썬 부추를 넣고 소금과 참기름을 살짝 넣어서 만든다.

반면 짜조 만두소는 돼지고기와 새우살이 베이스다. 원래 여기에 베트남의 어떤 채소를 채 썰어 넣는다는데 먹어본 적이 없어서 알 수가 없다. 나는 그것 대신 당근을 넣는다. 그리고 다진 돼지고기, 다진 당근, 다진 새우살, 팽이버섯을 넣고, 목이버섯과 쌀국수를 불렸다가 다져 넣는다. 이걸 버무린 후에 소금, 후추, 계란 흰자 2개, 설탕을 아주 조금 넣어 속을 완성한다.

마지막으로 라이스페이퍼로 감싸서 기름에 튀겨내면 맛있는 만두 짜조가 된다. 짜조는 월남쌈 소스나 땅콩버터 소스에 찍어 먹으면 더욱 맛있다.

4장

오늘도 내일도,
우리가 함께 요리를 먹는다는 것

무밥

공룡을 처음 시작할 때부터 가장 신경 썼던 것 중 하나가 함께 밥을 먹는 일이었다. 소위 공동체를 표방했지만, 각자 주거공간을 따로 갖기로 한 터라 대신에 함께 밥을 먹으면서 살아가는 방식을 강박적일 만큼 고민했다.

공룡이 특히 활동가 중심의 활동 공농체를 표방했지만, 사회적 대의를 실천하는 활동에만 매몰되지 말고 서로 일상적 삶을 공유자는 공감대가 있었다. 그러려면 생활 속에서 자연스레 공유하는 무언가가 필요하지 않을까 싶었다. 이를 위해 떠올린 것이 식사를 같이 하는 것이었다. 이런 의미에서 공룡에게는 함께 밥을 먹으면서 삶을 공유하는 것이 최소한의 기본 전제나 마찬가지다.

물론 어떤 밥을 어떻게 준비하고 만드느냐보다 고차원적인 논의들도 분명 존재하겠지만, 최소한으로 유지하기도 벅찬 재정 상태인 공룡 처지에서는 다른 무엇보다도 그저 함께 식사한다는 것에서 즐거움을 찾는 일이 중요하다.

공룡에는 무밥이 있다. 그저 무를 채 썰어서 씻은 쌀 위에 올려놓고 밥을 하는 것이 다인 요리다. 특별한 노하우도 없고 어렵지도 않아서 누구나 할 수 있다. 하지만 한 끼를 해결하기 위해 무밥을 짓기 전에 몇 가지 전제가 있다.

우선 무밥은 혼자 먹는 게 불가능하다. 무밥은 한 끼 식사량으로 짓기가 힘들고 그렇다고 몇 끼 양으로 지어놓고 두고두고 먹을 수도 없다. 그렇게 보관하면 밥이 변색되고 쉽게 상해버리는 탓이다. 따라서 무밥은 많은 사람이 한 끼에 맛나게 먹기 좋은 요리다.

또한 무밥의 핵심은 결국 간장양념이다. 그리고 간장양념을 통해 좀 더 다양한 만족감을 줄 수 있다. 일반적인 간장양념에 매운 것을 좋아하는 혜린을 위해서 청양고추를 다져넣을 수도 있고, 상큼한 것을 좋아하는 설해를 위해서 깻잎을 다져넣어 풍미를 자극할 수도 있고, 단맛을 좋아하는 재환을 위해서 양파를 살짝 갈아넣어도 좋다.

이렇게 별것 아닌 밥 하나라도 함께 식사하는 공룡들 입맛을 어렵지 않게 맞출 수 있다는 것, 그렇게 밥을 먹으면서 서로를 바라볼 수 있다는 것이 우리를 지탱해주는 최소한의 전제조건이 아닌가 싶다.

꼬꼬뱅

 간혹 도저히 그 취향을 따라갈 수 없는 사람이 있다. 그런 사람 중에 가장 으뜸은 아마도 혜린이 아닐까 싶다.
 혜린을 알고 지낸 건 무척 오래되었다. 내가 사회 단체 활동을 시작한 이후로 거의 내내 보아온 것 같다. 예전에 민주노동당 창당 초기에 선거가 있었는데 당시 나는 민주노동당 청주 흥덕갑 지구당에서 정책업무를 봤다. 이때 혜린에게 급하게 후보자 지지 영상을 부탁한 적이 있다.
 당시 혜린은 지역에서 시네마테크 운동을 하는 '씨네오딧세이' 사무국장을 하고 있었다. 이미 그때도 똑부러지게 일 잘하는 훌륭한 활동가로 소문이 자자한 친구였다.
 내가 부탁한 건 후보자 출정식을 하기로 한 날에 상영할 영상이었는데 어쩐 일인지 이날 혜린은 결국 영상을 납품하지 못하고 펑크를 냈다. 내 딴에는 이번 기회에 확실하게 친해지자는 생각에 첫 실패를 축하 겸 위로하는 케익을 사서 찾아갔다. 다행히 이런 나의 불순한 의도가 성공한 걸까? 혜린과 나는 오랫동안 가까운 선후배 관계로 지냈다. 그러다 본격적으로 공동체라는 것을 공부하면서, 또 공룡을 함께 만들면서 지금의 관계까지 발전했다.

공룡을 만들 당시부터 혜린은 이미 전국적으로 꽤 알려진 미디어 활동가였다. 덕분에 중앙, 그러니까 전국 단위 미디어 활동가 조직이나 서울의 미디어 활동 조직 같은 곳에서 함께 하자는 제안을 받곤 했다. 그럼에도 혜린에게는 청주라는 지역에서 활동하겠다는 어떤 신념이 있었던 것 같다.

한편 나는 예전에 "세상은 넓고 할 일은 많다"라는 말이 유행할 때, 거꾸로 "지역도 충분히 넓고 할 일도 무진장 많다"는 식의 생각을 가졌더랬다. 그래서 청주 이외의 지역에서 활동하는 일에 나름 부정적인 생각이 강했다. 그래서인지 대단한 전국구 활동가들을 만날 일도 거의 없고 그런 자리에 나간 적도 없었다. 그저 청주에 콕 박혀 지냈다는 것이 맞는 표현일 듯하다.

혜린 그리고 종민과 함께 본격적으로 공룡을 만들어나가면서 비로소 소위 서울 중심으로 활동하는 사람들과 전국구 활동가들을 만나게 됐지만 내가 느끼는 부담스럽고 불편한 느낌은 여전했다. 특히 혜린이 청주라는 지역에서 나 같은 사람과 일하는 걸 안타까워하던 몇몇 사람들 앞에서는 겉으로 티가 나도록 구시렁거려서 혜린까지 불편하게 만들기도 했다.

그렇게 오랫동안 가까웠고 지금도 공통을 함께하고 있지만, 나는 여전히 혜린의 놀라운 기벽이랄까? 너무나 독특한 그 음식 취향에 매번 놀라곤 한다.

지나치게 매운 음식들, 이런 걸 사람이 먹을 수 있을까 싶을 정도로 매운 음식을 먹으면서도 혜린은 '음, 조금 맵군' 정도의 반응이 고작이다. 면을 삶아서 그저 고추장에 비벼 먹거나, 오징어를 다리미로 다려 먹거나, 인스턴트 알 커피를 설탕도 없이 맹물에 타 마시는 것은 볼 때마다 신기하다.

특히 혜린은 맛있는 요리를 해줘도 자꾸 엉뚱한 곳에 꽂힌다. 요리 전체의 맛보다는 유별나게 꽂히는 한 가지가 있다. 여주 볶음을 해주면 엄청 쓴 여주만 골라먹는 식이다.

꼬꼬뱅이라는 요리를 한 적이 있다. 이게 원래는 프랑스 가정식 칠면조 요리라는데, 칠면조 따위는 구경조차 못해본 나는 대신 닭으로 요리를 했다. 와인에 졸인 닭 요리라고 생각하면 된다.

원래 오븐이 있어야 제대로 요리할 수 있다지만 오븐도 없으니까…. 나는 그저 내 식대로 요리한다. 프랑스식도 한국식도 아닌 그야말로 박영길식이랄까.

우선 버터 녹인 프라이팬에 마늘을 넣고 살짝 볶다가 양파, 당근, 셀러리를 넣고 볶는다. 그 다음 닭을 넣어 볶는데 개인적으로는 고추기름을 살짝 넣어 볶으니 좋았다. 마지막으로 달지 않은 레드 와인을 넣어서 졸이면 끝이다. 이게 기본 요리법인데, 취향에 따라 토마토나 감자, 단호박 같은 것을 같이 넣어서 졸이면 나름 꽤 먹을 만한 닭고기 조림 요리가 된다.

이런 요리를 해주면 다들 와인 맛이나 졸인 닭고기 맛에 집중하는 반면 혜린은 대번에 이렇게 외친다. "우와, 셀러리를 이렇게 먹으니까 진짜 특이하고 맛있다." 한번은 여기다 브로콜리를 넣은 적이 있는데 이때도 혜린은 어김없이 외쳤다. "우와, 브로콜리 맛있다."

그러고 보면 예전에 강릉 초당 순두부 집에 갔을 때도 순두부 맛이 어떻다는 말 따위는 없고 된장에 박아 삭힌 고추가 너무 맛있다고 그랬다. 역시 어디에 꽂힐지 모르는 입맛이다. 문제는 이렇게 유별나게 꽂히는 맛이 항상 같은 게 아니라 때에 따라 바뀐다는 점이다. 이러니 예측 불가능한 입맛이라고 할 수밖에….

매생이 굴국밥

공룡을 갓 시작했을 때다. 어느 날 혜린 집에 모여 뭔가 근사한 파티를 하기로 하고 각자 요리 경연 같은 걸 해보기로 했다. 그래서 준비한 게 나는 양장피, 혜린은 혜린스럽게 밥, 종민은 완전 생소한 매생이 굴국밥이었다.

종민은 누구도 믿지 않지만, 전남 장흥 출신이다. 장흥은 바닷가를 끼고 있는 동네니까 종민도 바닷가 소년 같은 느낌이어야 할 텐데, 종민은 누가 봐도 산골 출신 같다. 장흥이 비록 바닷가 동네지만 종민네 고향집은 산속 깊은 골짜기에 있어서 그렇다고는 한다. 종민은 말하자면 전남 장흥보다는 충북 괴산 출신 같은 느낌의 친구다. 해물보다는 토종닭이 어울리는 친구랄까? 아니면 해물파전보다는 김치전이 어울리는 친구랄까?

종민에게 그 먼 장흥에서 어쩌다 청주에 왔냐고 물으면, 대학을 서울로 가려다가 너무 멀어서 중간쯤 내렸는데 그 동네가 청주였다는, 뻔한 대답을 한다. 그런 종민은 어릴 때부터 가족과 농사를 지어서 농사일에 익숙했다. 공룡을 만들 때 농사를 중요한 하나의 활동 축으로 삼을 수 있었던 것도 그런 종민이 있었기에 가능했다.

내가 처음 종민을 만난 사연도 뻔하다. 종민은 원래 혜린과 알던 사이. 대학에서 다큐멘터리 동아리 회장을 하면서 자연스레 혜린과 만나게 되었는데 어느날 이 친구가 나를 보고 싶다고 했다는 거다. 그 이유인즉슨, 대학 졸업 후에 교사가 될지 아니면 잠깐 접한 사회 운동이라는 걸 계속할지를 고민하던 중에 나와 상담을 하고 싶다는 것이었다.

보통 교대를 다닌 친구들이 졸업 후에 교직을 선택하지 않는 이유는 실습으로 경험한 학교 현장이 자기와 잘 맞지 않아서인 경우가 많다. 처음에는 교사가 되고 싶어 교대를 선택했으나 막상 아이들을 가르쳐 보니 적성에 맞지 않는다면 그것만큼 고통스러운 게 없기 때문이다.

그런 면에서 종민이 조금 특별했던 건 아이들을 가르치는 일을 좋아하고 또 잘한다는 점이었다. 보통 이런 친구들은 고민이 많더라도 쉽게 교직을 포기하진 못하는데, 그럼에도 불구하고 교사라는 직업을 포기할 만큼 교사 사회라는 획일화된 시스템에 환멸을 느낀 듯했다. 우리는 아이들을 만나는 공간이 꼭 학교라는 울타리 안일 필요는 없다는 이야기를 나눴다. 그런 고민 끝에 시작한 게 공부방이었고, 그러다 나름의 고민들을 담아 만든 공간이 공룡이었다.

그런데 나로서는 종민의 고민을 듣고도 뻔한 답을 할 수밖에 없었다. 사회 운동이라는 것도 농사랑 비슷해서 조언이나 상담을 백날 들어도 직접 몸으로 익혀봐야 감이 오는 까닭이다. 그런 후에야 자신이 계속 활동가로 살지 말지를 판단할 수 있을 테니 일 년이라도 직접 일을 해보는 게 어떻겠냐고 물었더랬다. 이렇게 인연이 시작되어 결국 지금의 공룡까지 오게 되었다.

다시 파티 얘기로 돌아가면, 그날 종민이 선택한 요리는 나나 공룡들은 먹어보지 못한 매생이였다. 이름은 들어봤지만 한 번도 먹어보지 못한 매생이. 생전 처음 매생이를 보고 든 생각은 '저걸 굳이 먹어야 할까'였다.

시골 냇가를 온통 녹색으로 물들이던 녹조 같기도 하고 더러운 냇가 돌들에 잔뜩 붙어사는 물이끼 같기도 한 매생이는 여튼 내게 거부감이 드는 재료였다.

그날 종민은 이것으로 매생이 굴국밥을 만들었다. 들기름으로 굴을 살짝 볶다가 물을 붓고, 한 번 끓어오르면 매생이를 넣어 다시 한 번 끓인다.

종민 덕분에 난생 처음 먹어본 매생이 굴국밥은, 뭐랄까

미끄덩거리는 이물질이 목을 타고 넘어가는 느낌이랄까? 맛은 있는데 역시 나는 그다지 좋아하지 않는 다른 동네 맛이었다. 그러면서도 종민이 바닷가 동네 출신이 맞긴 맞구나 싶었다. 말하나 마나지만 그날 최고의 요리는 나의 양장피였다. 이런 건 꼭 기억해둬야 한다.

나는 매생이를 그닥 좋아하지 않는다. 순전히 자주 접하지 못한 재료라 그런 것 같기도 하다. 그래도 요즘은 내가 사는 동네의 슈퍼에서도 제철 매생이가 어렵지 않게 보이긴 한다. 그래서 가끔은 혹할 때도 있다. 내가 그나마 적응해서 즐기게 된 요리는 매생이밥이다.

먼저 밥을 할 때 매생이를 넣어 짓는다. 그리고 간장에 비벼 먹으면 된다. 이게 매생이로 이따금 해먹을 만한 별미다.

사천식 해물 파스타

공룡의 활동가들이 처음부터 대단한 결정을 하고 공룡 활동을 시작한 건 아니다. 그저 어쩌다 보니 삶이 엮였고, 그 엮인 삶을 살아가다 보니 함께 활동을 하게 되었다.

대단한 이데올로기나 사회적 신념에서 출발했다기보다는 관계에 충실하고자 했던 마음이 더 크지 않나 싶다. 그런데 공룡이라는 이름(공룡은 '공부해서 용되자'의 줄임말이다)처럼 각자 공부에 대한 강박들은 지니고 있는 듯하다. 공부를 하지 않으면 안 될 것 같은 분위기가 있다는 말이다. 그리고 공부를 아예 대놓고 생활 규칙처럼 만들기도 했다.

공룡 활동가인 보선과는 보선이 초등학생 때 처음 만났다. 보선이 고등학교에 들어갈 무렵 자퇴했다는 말을 들었는데, 그때는 나도 사실상 공부방 교사를 관두고 사회적기업 일을 시작한 후라서 정신없이 데면데면 넘어가고 말았다.

그러던 어느날 공동체 미디어 수업의 일환으로 청소년 철학 교실을 진행하게 되었는데 그 자리에서 보선을 다시 만났다. 학교를 관두었든 말든 워낙 오랫동안 보아온 친구라서 그 변화가 그다지 실감이 나지는 않았다. 그렇게 나는 철학 수업을 진행하며 한편으로는 본격적으로 공룡이라는 공동체를 만드는 작업을 본격적으로 하고 있었다. 그러다 하루는 보선과 술을 한잔 하게 되었다.

보선은 무슨 일인지는 몰라도 매우 화가 난 듯했다. 심각한 고민이 있는 듯도 했다. 그래서 이야기하자면서 꼬치구이집에 데리고 갔다. 이내 보선의 고민을 알게 되었다.

"영길 샘, 나도 공룡에서 일하면 안 돼요?"
"왜? 일하면 되잖아?"
"종민 샘이 안 된다잖아요. 사회 단체 일이 그냥 하고 싶다고 하는 게 아니라나. 활동가의 삶이 만만치 않으니 고민도 깊이 하고 공부도 하고 사회 경험도 해보고 결정해야 한다며…."
"그래서 네 생각은?"
"종민 샘이 내가 걱정돼서 그러는 건 알겠는데. 그냥 우선 해보면 안 돼요? 하면서 알아가면 되잖아요?"
"뭐… 그래… 하고 싶으면 해야지…."

이런 대화 끝에 보선은 공룡에서 상근 활동가 생활을 시작하게 되었다. 그리고 본인의 말마따나 활동이라는 직접적 행위와 그 활동이 전제하는 사회적 현실 및 가치 지향들을 몸소 부딪쳐가며 알아가고 있다. 애초부터 모든 활동의 의미를 다 알진 못하니까, 그럴 때는 일일이 설명하거나 혹은 공부를 강제하기도 한다.

보선은 그사이 군대에 다녀왔는데, 공룡으로 복귀해서 여전히 중요한 활동가의 역할을 충실히 해내고 있다. 어찌 보면 관계에서 오는 힘을 가장 많이 주고받는 게 보선이 아닌가 싶기도 하다.

이런 보선이 나에게 가장 많이 만들어달라고 하는 요리가 사천식 해물 파스타다. 예전에 공룡이 공간을 얻기 전 혜린의 집에서 워크숍을 할 때, 보신이에게 해준 요리가 이것이었다. 그 이후로도 보선이를 챙겨야 할 것 같을 때 한두 번 해줬던 것 같다.

사천식 해물파스타는 이름 그대로 사천식이다. 즉 매운 요리다. 달군 팬에 고추기름을 두르고 양파, 청양고추 같은 야채를 볶다가 꽃게 등의 해물을 넣고 같이 볶는다. 거기에 양념을 넣고 삶은 면을 섞어 버무려준다.

양념은 사천식이니 당연히 중국 소스를 사용하면 되는데, 보통은 굴소스랑 두반장을 같은 분량으로 넣는다. 문제는 간장인데 나는 간장을 넣지 않고 소금으로 약간의 간을 하는 편이다. 굴소스나 두반장의 짠맛이 워낙 강하기 때문이다.

여기에서 팁 하나, 해물 중에 꽃게는 볶기 전에 미리 기름에 바삭하게 튀겨서 껍질째 씹어먹을 수 있도록 준비해두면 좋다. 이 튀긴 꽃게는 거의 마지막에 넣어 볶는다. 바삭한 식감을 살리기 위해서다. 이렇게 해물을 볶다가 전분물로 걸쭉하게 만든 후, 삶은 스파게티면을 넣어 재빨리 볶아내면 완성이다. 한마디로 매운 해물요리다.

이 요리는 이렇게 변용할 수도 있다. 면 대신 잘 씻은 숙주를 접시에 담고 볶은 것들을 소스처럼 부어주면 나름 사천식 해물찜이 된다. 매콤한 해물과 아삭한 숙주가 잘 어울린다.

유린기

 유린기는 어느 순간 영은을 위한 요리가 되어버린 것 같다. 유린기를 처음 해먹던 때의 맛을 기억하고 계속 유린기를 원하는 사람이 영은뿐이다. 묘하게 유린기와 영은이 닮은 듯도 하다.

 유린기는 중국식 치킨샐러드라고 생각하면 된다. 막 튀겨낸 따끈한 닭 튀김과 신선한 양상추, 새싹채소에 새콤달콤매콤한 소스를 뿌려먹는 샐러드 요리다. 하지만 샐러드 치고는 손이 많이 가는 요리기도 하다.

 대충 시중에서 파는 오리엔탈소스를 사용해도 되지만 그러면 제대로 된 유린기 맛은 안 난다. 제대로 맛을 내려면 손수 소스를 만들고, 거기에다 맥주에 재운 닭고기를 튀겨내야 하니까 이래저래 손이 많이 가는 편이다.

 고3 학생이던 영은이 대학 진로를 앞두고 진지하게 공룡 상근 활동에 대해 고민할 때였다. 영은은 자신이 하고자 하는 꿈이 명확해서 주변이나 가족들의 기대도 많이 받고 있었다. 그런 아이가 이제 막 시작해서 여러모로 오리무중인 공룡에서 상근 활동을 하겠다고 제안하니 우리도 좀 당혹스러웠다.

사회활동이 낭만적 이상이라기보다는 냉혹한 현실일 때가 많다는 점에서도 그렇고, 이제 막 시작인 공룡 조직이 상근자 한 사람을 책임질 수 있을까 두렵기도 했다. 그럼에도 우리는 주변의 우려에도 불구하고 10대 청소년 활동가를 받아들이기로 결심했다. 삶이란 원래 관계들 속에서 우러나는 것이라고 믿었으니까.

유린기 소스는 간장 베이스에 양파를 갈아넣고, 청양고추를 다져넣고, 레몬즙, 식초, 설탕을 아주 조금 넣은 후에 깨소금 조금과 참기름, 매실청을 약간 넣은 다음 냉장고에 두어 차갑게 만들어 사용한다.

소스 만드는 시간이 본 요리를 하는 시간보다도 더 걸리는 귀찮은 요리다. 그래서 처음 해먹은 이후로는 누가 만들어달라고 해도 귀찮아서 차일피일 미루곤 한다.

이렇게 9가지 이상의 재료를 섞어야 본연의 맛이 나는 유린기 소스처럼, 삶 본연의 맛도 다양한 경험과 공부와 관계 속에서 우러나는 게 아닐까?

한동안 함께 지내던 영은이는 이제 본격적으로 자신의 공부를 하기 위해서 잠시 공룡을 떠나 여행을 하는 중이다. 그렇게 자신의 색깔을 만들어가다가 언젠가는 다시 공룡으로 돌아오는 날도 오지 않을까. 그때는 영은에게 새로운 유린기 소스를 만들어줄 생각이다.

토마토 치킨 커리

 마을카페 이따에서 음식을 팔아보자고 처음 계획을 세울 당시 가장 중요하게 생각했던 점은 누구나 요리를 할 수 있어야 한다는 거였다. 여러 활동가들이 공룡의 마을카페를 공동으로 운영하는 방식이다 보니 당연히 누구나 모든 메뉴를 만들 수 있어야 했다. 커피 같은 메뉴는 의외로 손쉽게 요령을 공유할 수 있었지만 요리 메뉴에는 다들 알게 모르게 두려움을 갖고 있었다.

 우리가 하는 모든 일이 이와 비슷하다. 처음 활동을 할 때도 비슷한 과정을 겪는다.

 공룡을 만들고 전업 활동가로 처음 일하게 된 공룡 활동가들의 심정이 결국 초보 요리사의 심정과 비슷했던 것 같다. 자신이 잘하는 분야와 관계망을 가지고 있으면서도 자꾸 주변의 말들에 휘둘리고, 시시각각 너무 다양한 것들을 고려하다보니 중심을 잃기 쉬웠다.

지역단체들과 다양한 연대 활동을 할 때 그 활동을 어느 방식으로 어느 선까지 할지 결정하기가 쉽지 않다. 우리가 아무리 연대 활동을 우리 일로, 즉 공룡의 일로 여긴다고 해도, 연대 단위에서 공룡에 요청하는 일이 단순 참여나 영상 홍보에 국한되는 경우도 많다. 그래서 연대 단위에서 요구하는 역할과 우리가 가지고 있는 문제 의식 사이에서 중심을 잡고 활동하기가 더 쉽지 않은 것이다. 이런 일들에서 중심을 잡는 방식은 무엇일까를 두고 활동가들끼리 많은 이야기를 나누곤 한다.

예전에 지역에서 청년유니온 활동이 진행될 때 지역의 청년 알바 실태 조사활동을 제안받은 적이 있었다. 이때 처음 주체적으로 연대 활동을 하게 된 형석과 보선이 바로 이런 어려움을 겪었다.

형석과 보선은 그 일을 공룡 활동가로서 연대 활동으로 풀어가야 할지, 아니면 청년유니온 회원으로 활동하며 개인적으로 풀어가야 할지 한참을 고민했다. 주변에서 딱히 답을 줄 수도 없는 상황이라서 언제나 그렇듯 가장 중요한 것은 스스로의 판단이라는 정도만을 서로 확인했다. 자신의 활동 중심을 공룡에 둘 것인지, 혹은 동시대를 살아가는 청년으로서 청년유니온에 힘을 쏟을지를 판단해야 했던 것이다. 여기서 가장 핵심은 자신이 살아가고자 하는 삶의 중심을 잃지 않아야 한다는 것이었다.

공룡 활동가로서의 역할과 청년유니온 회원으로서의 역할이 때론 동일하기도 하고 때론 상충되기도 할 텐데, 이럴 때 가장 중요한 건 공룡이냐 청년유니온이냐가 아니라 각자 자신이 살아갈 삶의 중심을 어디에 두느냐다.

공룡에서는 이런 활동들을 할 때 활동가 자신이 흔들림 없이 중심을 잡고서 원래 하려고 했던 방식을 다소는 고집스럽게 고수할 필요가 있다고 생각한다. 그러면서 함께할 사람들의 방식을 잘 살펴보는 것이 중요하다.

공룡에서 마을카페 이따 운영을 맡은 재환의 경우, 요리에 익숙하지 않기 때문에 자기 요리를 돈 받고 판다는 것에 두려움이 많았다. 그래서 초보자도 무난하게 할 수 있는 요리가 무엇일까 궁리하다가 확정한 메뉴가 토마토 치킨 커리였다.

커리는 재료만 제대로 갖추면 요리하는 사람에 따라서 맛이 크게 변하지 않는 안정적인 요리다. 커리의 강한 맛 때문에 융통성이 많지 않다는 뜻인데, 한편으로는 그만큼 실패할 확률도 적음을 의미한다.

오일 두른 솥에 마늘을 넣고 살짝 볶다가 양파와 피망을 넣고 볶은 후 토막 낸 닭을 넣고 볶는다. 이때 고춧가루를 넣어서 함께 볶으면 닭에 매운 맛이 배는데, 그렇다고 너무 많이 넣으면 맛이 탁해지니 대신 고추기름을 조금 넣어서 매운 풍미를 돋운다.

그리고 닭이 어느 정도 익을 때까지 볶다가 토마토 페이스트를 넣는다. 원래 생토마토를 넣으면 좋지만 재료값이 비싸니 토마토 페이스트를 한 병정도 넣고 생토마토는 5개 정도 조각 내서 넣으면 적당하다.

그런 후에 타지 않을 정도로 물을 조금 넣고 닭이 익을 때까지 끓이다가 마지막에 커리가루를 넣어 맛과 농도를 조절하면 된다.

토마토 치킨 커리에서 중요한 건, 토마토 페이스트 맛이 강해서 커리의 매운 맛이 죽지 않도록 주의하는 것이다. 그래서 처음 닭과 야채를 볶을 때 매운 맛이 잘 배도록 고추기름을 충분히 넣어 잘 볶는 게 팁이라면 팁이다.

약간은 복잡해 보이지만 해보면 그리 어렵지 않은 요리인데도 재환은 처음 요리할 때 엄청 스트레스를 받았던 것 같다. 언제나 불친절한 나는 긴장하지 않고 기본대로만 하면 아무 일도 안 생긴다며 옆에서 투덜거렸다. 솔직히 요리라는 게 망치면 다시 하면 되지, 망친다고 무슨 큰일이 일어나겠는가?

볶음요리이다보니 처음 볶을 때 너무 긴장하면 더 실수할 수 있다. 그런데 자기 요리에 자신이 없다 보면 맛은 점점 더 이상해진다. 재환도 이 요리를 하면서, 맛과 농도에 자신이 없다 보니 마지막에 커리 넣을 때 자꾸만 커리를 야금야금 추가했다. 그렇게 하다가는 깊은 수렁에 빠질 수가 있다.

커리를 자꾸 넣다보면 커리 맛이 강해져서 토마토 맛이 사라지고, 그래서 당황한 나머지 토마토 페이스트를 더 넣으면 커리 맛이 없어지고, 그래서 다시 커리를 더 넣는 수렁. 그러다 어느 순간 치킨 맛도 사라지고 매운 맛도 사라지는 것이다.

결국, 너무 자신 없이 요리하면 요리가 이상해질 뿐. 뭐든지 자신을 믿고 중심을 잡아야 하는 법이다.

계란찜과 계란말이

 나는 노력하지 않아도 되는 것들이 생각보다 많다고 본다. 하지만 대부분의 사람들은 안 그렇다고 생각하는 모양이다. 다들 제대로 된 삶이란 엄청난 것들로 이뤄지고, 그런 엄청난 것들을 얻기 위해 부단히 노력해야 한다는 교육을 받아와서가 아닐까. 그러니 당연하게도 노력하지 않고 얻는 것들은 별 가치가 없다고 여기는 듯하다.

 노력하지 않고 뭔가를 얻는 건 죄스럽고, 그런 걸 좋아하면 나쁜 사람이라도 된 듯 양심의 가책을 받아야 한다고들 생각한다. 하지만 막상 그렇게 엄청난 것들만 바라보며 살다가는 사소해 보이는 것들을 아예 영원히 잃어버리게 될지도 모른다. 심지어 노력하지 않아도 되는 걸 노력하다가 망쳐버리기가 일쑤다.

 언젠가 보선이 계란프라이를 예술적으로 반숙하는 방법을

묻길래 나는 아주 단순하게 일러줬다.

"덜 익었을 때 불을 꺼."

그러자 보선이 반쯤 째진 눈으로 나를 노려봤다. 하지만 뭔 요령이 있을까. 반숙은 말 그대로 반만 익히는 거니까 덜 익었을 때 불을 끄면 된다. 도대체 계란프라이를 예술의 경지로 요리할 이유가 뭐냔 말이다.

계란찜을 처음 시도하던 재환이 주방에서 한참을 이리저리 궁리하는 걸 보고 나는 무척 답답했었다. 중탕을 어떻게 하는지, 간은 어떻게 하는지, 바닥이 안 타게 하려면 어떻게 하는지 등등…. 요리에 엄청난 노력과 정성을 들이는 재환을 보면 내가 다 힘들어진다.

내 식으로 보면, 계란찜은 그냥 계란 풀고 물 조금 넣고 새우젓 조금 넣고 끓이면 끝이다. 계란찜 할 때 냄비 바닥 태우는 게 걱정이라면 타지 않도록 쳐다보며 저어주면 된다. 뭐 별다른 게 있을까?

자꾸만 일이든 요리든 무조건으로 노력을 쏟아야 한다고 생각하니까 더 두렵고 힘든 게 아닌가 싶다. 일에 내가 들여야 할 노력만 생각하고 정작 그 일의 특징은 살피지 않을 때 더 큰 문제가 생긴다.

계란이다. 때론 날것으로도 먹는 계란이다. 그저 소금 조금 넣어 후루룩 마셔도 좋고, 좀 비리면 참기름 살짝 넣어 후루룩 삼켜도 맛있는 계란이다. 그러니 대충 요리해도 문제없다.

계란말이를 할 때 안에 넣는 재료 역시 죄다 날것으로 충분히 먹을 수 있는 것들이다. 양파, 당근, 청양고추 등등.
 우선 양파랑 당근을 다지고, 청양고추도 한 개정도 다진 후에 풀어놓은 계란물에 넣고 잘 섞은 후, 프라이팬에 부침개 부치듯 약한 불에 부치다가 돌돌 말아 한쪽으로 몰고, 다시 계란물을 부어서 잇대어 부치고 다시 말아주면 끝이다. 속이 익든 말든 잘 말리기만 하면 계란말이다.

이게 뭐가 대단한 거라고 노력에 노력을 더할까 싶다.

꼬치구이

예전에 두세 달가량 어느 오뎅바에서 주방 일을 한 적이 있다. 그때 가장 많이 신경 쓰고 가장 많은 시간을 들여 준비한 요리가 의외로 꼬치구이였다.

원래 술집 같은 곳에서 사용하는 꼬치구이용 꼬치는 거의 완제품으로 나온 것들이다. 웬만한 냉동 식재료 도매상에 가면 꼬치를 비롯해 상상할 수 없을 만큼 다양한 식재료들이 거의 완제품으로 판매된다. 이런 도매상에 처음 가본 사람이 깜짝 놀랄 정도로 완제품으로 나오는 식재료 종류가 엄청나게 많다. 그러니 집에서 꼬치구이를 해먹을 때도 가까운 식재료 도매상에 가서 재료를 구하면 훌륭하게 한 상을 차릴 수 있다.

문제는 내가 일한 오뎅바는 돈이 없어서 완제품을 못 사고 대부분 손수 만들었다는 거다. 닭염통은 닭내장을 파는 육거리시장의 닭집에서 사다가 끓는 물에 한 번 데친 후 사용했고, 닭발도 팩에 든 무뼈 닭발을 손질해 끓는 물에 데쳐 사용하는 식이었다. 그때의 고생이란….

형석을 처음 본 건 어린 형석이가 누나인 영은을 따라 공부방에 왔을 때다. 형석이 공부방을 다니기 시작할 무렵에 나는 사실상 수업은 하지 않고 그저 운영진으로만 있어서 형석과 특별한 관계를 맺을 기회는 없었다. 그러다 형석과 좀 더 이야기를 나누었을 때가 철학 수업을 할 때였다. 그때도 형석은 누나인 영은과 겹쳐 보이는 면이 많았다.

형석이 영은에게 많이 기대는 편이라 아무래도 누나와 조금은 거리 두기가 필요하겠다고 생각했었다. 속으로 그런 생각을 했지만 특별한 계기가 없어 시켜보기만 하던 터였다. 그런데 그런 내 태도가 형석에겐 서운했던가 보다. 왜 자기에게만 소홀하냐고 이따금 서운함을 토로하는데 나는 나답게 또 그 말을 무시하곤 했다.

그런데 형석이 갈수록 날카롭게 물었다. 왜 자신은 누나만큼 사랑을 받지 못하냐고 하소연했다. 나는 영은은 스스로 활동가의 길을 선택했지만 너는 아직 그런 선택을 하지 않았으니 항상 누나와 같을 수는 없지 않겠냐고 대답했다. 나는 형석이 스스로 자기가 원하는 것들을 바라보기 시작하면서부터 제 몫만큼 움직이고 살아갈 거라고 믿었다.

형석이 누나에게 의지하던 습관에서 벗어나 자신의 목소리를 내기 시작한 데는 여행의 영향이 가장 크지 않았을까 싶다.

 형석은 대학 1학년 겨울방학 때 달랑 텐트만 짊어지고 제주도를 일주하겠다고 떠났었다. 생각보다 춥고 배고프고 괴로운 여행이었겠지만 그만큼 자신감이 붙은 것 같다. 그렇게 형석이는 스스로의 길을 가기 시작했고 그만큼씩 공룡에서 자신의 위치를 잡아가고 있는 중인지도 모르겠다.

 형석이가 어떻게 느꼈을지 모르지만, 내가 사람 욕심이 많기는 해도, 활동가로 살겠다는 욕심이 보이지 않는 사람에게 이 생활을 강요하거나 끌어들일 욕심을 내지 않는 편이다. 나의 욕심보다는 그 사람의 욕심을 오랫동안 지켜보려 하기 때문이다.

 나에게는 꼬치구이도 그렇다. 쉽게 하려면 얼마든지 요령껏 할 수 있는 요리인데, 직접 만들 욕심을 내면 고생이 커진다. 실제 먹을 때 공들인 노고가 드러나는 것도 아니다. 꼬치 각각이 제 몫의 맛을 낼 뿐이다.

 그래서 나는 욕심을 내기보다는 그냥 그 맛에 따라가는 편이다. 꼬치구이는 이렇게 요리이기는 한데 요리 같지 않은 느낌이라 자주 해먹지는 않는 편이다.

꼬치 요리 방법은 생각보다는 단순하다. 소위 일본식 닭꼬치인 야끼도리는 닭껍질이 붙어 있는 닭다리살을 사서 손가락 한마디 크기로 썬 후에 후춧가루와 청주를 뿌려 재워두고, 파를 고기 크기로 썬 후 닭고기, 파, 꽈리고추 순으로 꼬치에 꽂아 소스를 묻혀 구우면 된다. 재료별로 따로따로 꽂아도 괜찮다.

데친 무뼈 닭발은 닭발만 따로 꼬치에 꽂거나 아니면 양쪽 끝에 단호박을 깍뚝썰어 꽂는다. 닭발에 아주 매운 소스를 사용하기 때문에 단호박의 단맛으로 중화시키기 위해서다. 단호박 대신 가래떡을 꽂기도 한다.

이밖에도 돼지목살, 닭염통, 닭가슴살, 닭날개 등등 웬만한 고기 종류는 모두 꼬치로 만들 수 있다. 야채도 웬만하면 거의 꼬치로 만들어 먹을 수 있다. 이에 비해 소스 종류는 몇 가지 되지 않는다.

기본으로는 간장 소스를 약간 달게 만들어 사용한다. 간장과 청주 1컵씩에 설탕 2숟가락, 꿀 1숟가락, 통마늘 2개 정도를 넣어서 졸이는 게 기본 베이스다. 여기다 매콤하게 하려면 건고추나 통후추를 넣는 식으로 얼마든지 변화를 줄 수 있다.

매운 소스는 간장 4숟가락에 고춧가루와 고추장 2숟가락, 굴소스, 케찹, 올리고당, 참기름, 후춧가루를 적당히 넣고, 좀 더 특별하게 하고 싶을 땐 카레가루를 약간 넣어준다.

꽃게

어떤 재료는 항상 정점에 있다. 생물 꽃게가 그렇지 않나 싶다. 생물 꽃게를 쓰는 것만으로도 이미 충분한 퀄리티가 보장되는 기분이다.

나는 요리할 때 대개는 냉동 꽃게를 사용한다. 꽃게 버터구이나 꽃게 라면에도 그렇고, 해물볶음이나 부야베스나 사천식 해물짜장 같은 요리를 할 때도 냉동 꽃게를 사용한다. 특히 튀기거나 소스에 버무릴 때는 굳이 생물을 쓸 필요가 없다. 그보다는 저렴한 냉동을 사용한다.

무려 생물 꽃게를 구입할 때는, 최대한 그 맛을 그대로 유지하기 위해서 다른 요리보다 훨씬 신경을 쓴다. 물론 이렇게 요리해보는 날도 거의 없지만 말이다.

설해가 가장 좋아하는 재료는 단연코 꽃게다. 아마 꽃게가 들어간 음식을 죄다 좋아하는 것 같다. 특히 스스로를 위로하고 싶은 날, 자신에게 뭔가 선물을 주고 싶은 날에 가장 먹고 싶은 음식을 꼽으라면 꼭 간장게장을 꼽는다. 그렇게 꽃게를 사랑한다.

설해는 원래 공룡에 놀러왔던 다른 지역 활동가였다. 진주 시민미디어센터에서 일했고 잠시 서울에서 일하다가 교사임용고시를 준비할 때쯤 서로 인사를 나누었던 것 같다. 물론 설해는 그전에 미디어활동을 할 때부터 이미 혜린이나 종민하고 교류를 하고 있었고, 나와의 인연도 결국은 혜린과 종민의 소개 덕분에 이어졌다.

공룡은 원래 종민과 혜린과 내가 지역에서 6년 가까이 진행한 공동체 미디어 교육에서 만나 공동체 혹은 교육을 고민하던 것을 계기로 만들어졌다. 그런데 당시만 해도 공룡이라는 별도의 단체를 만들 생각은 아니었다.

공부방 아이들에게 공동체라는 것을 어떻게 가르칠까를 고민하다 보니, 갇힌 교실이 아니라 생활을 공유하는 일상의 공간이 있었으면 좋겠다면 생각을 하게 됐다. 그것이 자연스레 그러면 우리가 공간을 만들어볼까 하는 마음으로 발전했고, 그런 구상을 통해 만들어진 것이 생활교육공동체 공룡이다.

공간을 만들면서부터는 우리가 가지고 싶은 공간들을 이리저리 배치하며 공룡을 구상했는데, 그렇게 공간을 얻어 직접 공사를 시작하던 무렵, 그곳에 설해가 놀러왔다.

이전에 다른 곳에서 봤을 때도 그 빛나는 재능이 부럽기도 하고 탐나기도 했었는데, 막상 우리의 공사 현장에 놀러와 터줏대감처럼 자리를 잡고 앉아 이런저런 경험을 함께하는 모습을 보니 욕심이 생겼다. 이 재주꾼을 공룡에 눌러앉히려고 때로는 맛난 음식으로, 때로는 나름 감동 이벤트 같은 걸로 구애 아닌 구애를 했더랬다. 내가 누군가를 위해 영상을 제작한 것도 설해를 위해서가 처음이었다. 설해 생일에 맞춰 일종의 영상 편지를 만들었던 것이다.

뭐랄까, 꽃게처럼 음식에 들어가는 순간 그 자체로 요리의 품격을 높여준다고 할까? 공룡의 활동에 있어서 가장 중요한 한 축을 담당할 것 같다는 느낌이 있었달까?

설해가 공룡에 자리 잡도록 나뿐만 아니라 공룡이 모두 많은 정성을 들였다. 그 덕분에 결국 지금의 공룡에서 설해는 활동의 정점이 된 게 아닐까 싶다.

설해가 그토록 좋아하는 꽃게를 요리할 때는 꽃게 특유의 맛을 최대한 살리기 위해 강한 맛을 자제하는 편이다. 특히 싱싱한 생물일 경우, 아주 연하게 된장을 푼 물에 가볍게 청양고추와 느타리 버섯만 조금 넣어 삶아준다. 꽃게 자체의 진국을 맛볼 수 있도록 하기 위해서다.

설해가 모든 꽃게요리를 좋아하는 것 같아도 매운 양념게장 같은 자극적인 것보다는 양념 맛이 덜한 본연의 맛을 즐기는 편이다. 그래서 이 요리를 할 때는 되도록 된장의 양을 줄이고 두부처럼 맛을 변하게 만드는 재료도 뺀다.

요리 활동

박영길 지음

초판 2쇄 발행 2016년 4월 19일

편집 나현영
디자인 최진규

펴낸곳 포도밭출판사
펴낸이 최진규
등록 2014년 1월 15일 제2014-000001호
주소 충청북도 옥천군 옥천읍 성암1길 30, 102동 1406호
전화 070-7590-6708
팩스 0303-3445-5184
전자우편 podobatpub@gmail.com
웹사이트 www.podobat.co.kr

ISBN 979-11-952770-5-6 03810

이 도서의 국립중앙도서관 출판시도서목록(CIP)은
서지정보유통지원시스템 홈페이지(http://seoji.nl.go.kr)와
국가자료공동목록시스템(http://www.nl.go.kr/kolisnet)에서
이용하실 수 있습니다. (CIP제어번호: CIP2016006484)

이 책은 저작권법에 따라 보호받는 저작물이므로
무단전재와 복제를 금합니다.

책값은 뒤표지에 있습니다. 잘못된 책은 바꾸어 드립니다.